A Deus seja toda a Glória.

Oro para que Deus abençoe você ao estudar o material. Que Ele abra sua mente para receber essas informações e viver de acordo com elas.

André

Guia de estudo: Tiago

Série de estudos bíblicos de palavras antigas

Andrew J. Lamont-Turner

Published by Andrew J. Lamont-Turner, 2024.

GUIA DE ESTUDO: TIAGO

First edition. August 5, 2024.

ISBN: 979-8227280930

Written by Andrew J. Lamont-Turner.

Sumário

Prefácio

O Livro de Tiago é uma obra única e significativa dentro do Novo Testamento, oferecendo sabedoria atemporal e orientação prática para os crentes de todas as gerações. Sendo uma epístola profundamente respeitada, Tiago se destaca pela sua abordagem clara e direta da vida cristã, abordando aspectos fundamentais da fé, da moralidade e da conduta. Este estudo procura aprofundar-se na rica tapeçaria de ensinamentos apresentados em Tiago, explorando a sua relevância e aplicação para os cristãos contemporâneos.

Tiago, muitas vezes referido como os "Provérbios do Novo Testamento", apresenta exortações enfatizando a necessidade de viver a fé de maneiras tangíveis. Desafia os crentes a examinar a autenticidade da sua fé através das suas ações, insistindo que a fé genuína é demonstrada pelas obras. Esta epístola é particularmente comovente no seu apelo à integridade, paciência, humildade e rejeição da parcialidade dentro da comunidade cristã.

Ao longo deste livro, percorreremos os cinco capítulos de Tiago, dissecando suas mensagens significativas e explorando como elas se aplicam às questões modernas. Tiago fornece um guia abrangente para a transformação pessoal e comunitária, desde as provações e tribulações que testam a nossa fé, até ao poder da oração e aos perigos da língua.

Este estudo visa não apenas destacar a sabedoria prática de Tiago, mas também encorajar uma compreensão mais profunda dos fundamentos teológicos dos seus ensinamentos. Ao examinar o contexto histórico, o público-alvo e os temas abrangentes, os leitores obterão uma visão mais holística do propósito da epístola e do seu significado duradouro.

O Livro de Tiago fala aos crentes tão poderosamente como o fez ao seu público original hoje. Num mundo de desafios e distrações, Tiago chama-nos de volta a uma fé vivida com sinceridade e ação. Lembra-nos que a nossa jornada de fé não se trata apenas de piedade pessoal, mas de impactar o nosso mundo através de uma vida justa e de serviço compassivo.

Espero que este livro inspire e equipe os leitores a incorporar os princípios estabelecidos em Tiago, promovendo uma fé vibrante, ativa e transformadora. Que nós, como Tiago, sejamos cumpridores da palavra e não apenas ouvintes, e que as nossas vidas reflitam a verdade significativa da nossa fé em todos os aspectos.

Em Cristo,

André

Introdução a este estudo

Este estudo compreende questões baseadas nos vários versículos das Escrituras retirados do livro de Daniel.

A Parte 1 deste estudo explora as informações básicas do livro, por exemplo, quem o escreveu, quando, para quem, por que e outros aspectos do livro.

A Parte 2 destaca versículos do livro que chamam atenção especial para princípios específicos do Livro de Daniel.

A Parte 3 é o estudo versículo por versículo que exige que o leitor complete as perguntas e tarefas no final de cada capítulo. Se isto for feito num ambiente de celula familiar, estas respostas devem ser discutidas dentro do grupo.

Depois de todos os capítulos terem sido estudados, há questões de verdadeiro, falso e de múltipla escolha para testar seu conhecimento deste livro.

Suponha que você esteja usando a versão e-book deste estudo. Nesse caso, é aconselhável ter à mão um caderno para registrar as respostas às perguntas. Espaço adicional também pode ser necessário para resolver as questões do teste de conhecimento.

Responder às perguntas não é uma corrida. Deve-se pensar cuidadosamente ao escrever as respostas, especificamente a aplicação dessas perguntas na vida e suas respostas.

Participar de um estudo bíblico sugere que o leitor reconheça sua necessidade de compreender as Escrituras e a profundidade da sabedoria que segue o conhecimento e a compreensão de Deus e Seus caminhos. Esta é uma jornada espiritual e leva tempo para você investigar os versículos, seu significado como o escritor pretendia que fossem e sua aplicação na vida. Certifique-se de que a oração precede cada passo do caminho, permitindo que o Espírito Santo o guie e abra o seu coração e a sua mente ao conhecimento de Deus.

Este estudo é importante porque pode ser aplicado à realidade da sua vida. Em outras palavras, este estudo considera a Teologia do Livro e outros princípios derivados do livro dentro de uma estrutura que facilita a aplicação dos princípios em nossa vida diária. Este estudo não é um comentário e, embora sejam fornecidas informações específicas sobre cada livro, este estudo não se envolve em crítica textual.

PARTE 1 : Informações do livro

Escritor

Acredita-se que o autor desta epístola seja Tiago, meio-irmão de Jesus Cristo, conforme indicado em Gálatas 1:19. Ele também é conhecido como irmão de Judas, mencionado em Mateus 13:55. Esta identificação alinha-se com os pontos de vista defendidos por muitos pais e escritores da igreja primitiva. É importante notar que este Tiago é distinto de outras figuras proeminentes do Novo Testamento: ele não é irmão do Apóstolo João (filho de Zebedeu), que foi martirizado no início da história da igreja (Marcos 1:19; Atos 12: 2), nem é filho de Alfeu ou pai de Judas (Lucas 6:16).

Tiago, o autor, desempenhou um papel significativo na igreja primitiva em Jerusalém e foi reconhecido como um líder. Ele falou notavelmente no Concílio de Jerusalém, conforme registrado em Atos 15:13-21. Sua liderança é referenciada em Atos 12:17 e Atos 21:18. Alguns comentaristas argumentam que a semelhança de estilo entre esta epístola e o discurso de Tiago em Atos 15 apoia a atribuição de autoria a ele. Apesar de quaisquer possíveis considerações linguísticas, é plausível que Tiago, sendo da Galiléia, fosse proficiente em aramaico e grego, explicando a qualidade do grego em que a epístola foi escrita.

Propósito

A Epístola de Tiago serve a um propósito duplo, conforme observado por estudiosos e comentaristas ao longo da história. Em primeiro lugar, pretende encorajar os seus leitores a suportar as provações com paciência e firmeza. Tiago enfatiza a importância de suportar as dificuldades fielmente e confiar na soberania e na bondade de Deus, mesmo em meio às adversidades.

Em segundo lugar, a epístola adverte contra erros doutrinários e práticas antiéticas nas primeiras comunidades cristãs. Tiago exorta os crentes a viverem a sua fé de maneira prática, enfatizando atos de compaixão, integridade no falar, humildade diante de Deus e envolvimento ativo na partilha com os outros. Seus ensinamentos abrangem todos os aspectos da vida cristã, orientando os crentes a manifestarem sua fé por meio de ações e atitudes.

Um foco significativo da carta de Tiago é dirigido aos cristãos judeus que enfrentavam perseguição e opressão, especialmente por parte de judeus ricos e influentes em suas comunidades. Tiago exorta estes crentes a permanecerem firmes na sua fé, a resistirem às pressões e tentações da riqueza e do poder mundanos e a manterem a sua integridade no meio da adversidade.

A Epístola de Tiago é uma exortação poderosa à maturidade cristã e à santidade de vida. Enfatiza a vida cristã prática, aborda a integridade doutrinária e incentiva a perseverança diante de provações e oposição. Através de seus ensinamentos, Tiago fornece sabedoria atemporal que continua a guiar os crentes na navegação pelos desafios e na vivência autêntica de sua fé.

Data da Escrita

De acordo com Josefo, Tiago, irmão de Jesus, morreu em 62 DC, data que ele relacionou com a morte de Pórcio Festo. Isto coloca a escrita da Epístola de Tiago antes dessa época. Alguns estudiosos argumentam que a falta de referência de Tiago ao Concílio de Jerusalém de 49 d.C. sugere uma data de composição anterior. No entanto, este argumento é discutível, pois a epístola aborda questões diferentes daquelas discutidas no concílio, tornando desnecessárias referências explícitas.

Tradicionalmente, acredita-se que Tiago escreveu esta epístola no início da história da igreja cristã. Muitos estudiosos, inclusive eu, inclinam-se para uma data de composição entre meados e finais dos anos 40, possivelmente por volta de 45-48 d.C. Alguns até propõem uma data anterior, já em 34 ou 35 d.C. A ausência de referências a outras epístolas do Novo Testamento em Tiago apoia ainda mais a ideia de sua composição inicial. Há um apoio considerável para a datação tradicional da Epístola de Tiago, sem razões substanciais para duvidar dela.

Público

Os destinatários da Epístola de Tiago eram principalmente cristãos judeus que viviam na diáspora, espalhados pela Palestina. Agora seguidores de Cristo (Tiago 1:1). Ao longo da carta, inúmeras referências destacam o seu contexto judaico, reforçando a noção de que foi escrita por um autor judeu para um público judeu. Versículos como Tiago 1:18, 2:2, 2:21, 3:6 e 5:4, 5:7 contêm linguagem e temas que ressoam fortemente nos contextos culturais e religiosos judaicos, enfatizando a formação e a fé compartilhadas do povo. escritor e seus leitores pretendidos.

Local de Escrita

Visto que Tiago provavelmente passou a maior parte ou toda a sua vida cristã em Jerusalém, acredita-se amplamente que ele escreveu sua epístola nesta cidade. A sua profunda ligação com Jerusalém é evidente nos registos históricos, indicando que ele não se envolveu em extensas atividades missionárias que o classificariam como apóstolo.

De acordo com Eusébio, um historiador que escreveu no século 4, Tiago teve um fim trágico em Jerusalém. Ele conta que Tiago foi derrubado do pináculo do templo, que ficava a 55 metros acima do vale do Cedrom. Depois de sobreviver à queda, ele foi apedrejado, e então um lavadeiro, que era lavador de roupas ou pano do primeiro século, acabou com ele batendo em seu cérebro com uma clava. Este relato destaca o martírio de Tiago, destacando a severidade da perseguição enfrentada pelos primeiros líderes cristãos em Jerusalém.

Características especiais

A epístola de Tiago se destaca por suas características únicas no corpus do Novo Testamento. Em primeiro lugar, parece ter sido elaborado como uma forma escrita de discurso público ou sermão destinado a ser lido em voz alta nas primeiras reuniões cristãs. Isto se alinha com a crítica retórica contemporânea, enfatizando suas raízes orais traduzidas para a forma escrita.

Distinta entre suas características está a ausência de referências pessoais a indivíduos específicos entre seus destinatários e a falta de uma bênção final convencional. Em vez disso, Tiago emprega um número impressionante de imperativos, com comandos aparecendo com uma frequência incomparável em outros escritos do Novo Testamento.

A Epístola é notável pelo rico uso de figuras de linguagem e analogias, superando até mesmo o uso coletivo das cartas de Paulo. Tiago baseia-se fortemente nas escrituras do Antigo Testamento, fazendo referência a mais de 20 livros e tecendo narrativas e personagens como Abraão, Raabe, Jó e Elias, juntamente com alusões aos Dez Mandamentos e à Lei Mosaica. Isto atesta o seu carácter profundamente judaico, reflectindo os ensinamentos e o contexto cultural das primeiras comunidades judaico-cristãs.

As imagens da natureza também são apresentadas com destaque em Tiago, ecoando o estilo de ensino dos rabinos judeus de sua época e ressoando com os ensinamentos de Jesus, conforme registrado no Sermão da Montanha. Curiosamente, apesar destas ligações, as menções diretas a Jesus Cristo são escassas, ocorrendo apenas duas vezes na epístola.

Martinho Lutero expressou reservas famosas sobre a Epístola de Tiago, apelidando-a de "epístola de palha" devido à sua ênfase percebida nas obras e não na fé, que ele viu como conflitante com os ensinamentos de Paulo sobre a justificação somente pela fé. A posição de Lutero ressaltou os debates teológicos de seu tempo, destacando as tensões entre as diferentes ênfases teológicas no cristianismo primitivo.

A epístola de Tiago continua a ser uma parte distinta e valiosa do Novo Testamento, combinando exortação ética com profundidade teológica e refletindo uma perspectiva única dentro da diversidade dos primeiros escritos cristãos.

A crítica de Lutero à Epístola de Tiago resultou de sua interpretação de que Tiago se concentrava em se tornar um cristão (justificação), o que parecia entrar em conflito com a ênfase de Paulo na justificação somente pela fé. No entanto, muitos estudiosos argumentam que a principal preocupação de Tiago era como os cristãos deveriam viver a sua fé (santificação), em vez do ato inicial de se tornarem crentes.

É crucial compreender que Tiago provavelmente escreveu antes de Paulo escrever qualquer uma de suas cartas, indicando que suas perspectivas teológicas não estavam em diálogo direto. Portanto, interpretar Tiago através de lentes paulinas pode levar a mal-entendidos sobre a intenção original de Tiago. Na verdade, os ensinamentos de Tiago alinham-se bem com os ensinamentos éticos de Jesus, particularmente aqueles encontrados no Sermão da Montanha, sugerindo uma continuidade e não um conflito dentro do pensamento cristão primitivo.

A Epístola de Tiago e o Evangelho de Mateus compartilham numerosos paralelos temáticos e referências, indicando que provavelmente foram escritos na mesma época, no final dos anos 40 DC. Ambos os escritos abordam comunidades cristãs semelhantes e enfatizam a maturidade espiritual, a sabedoria e a importância de uma vida justa. , especialmente entre os economicamente desfavorecidos.

A epístola de Tiago é caracterizada por seu foco prático e ético, em vez de um discurso teológico profundo. Extrai inspiração estilística de fontes como Provérbios, denúncias proféticas e parábolas de Jesus, apresentando seus ensinamentos de forma clara e direta. Esta abordagem direta torna-o um dos livros menos teológicos do Novo Testamento, enfatizando a vida cristã prática acima das complexidades doutrinárias ao lado de Filemom.

A epístola de Tiago oferece informações valiosas sobre as dimensões éticas da fé cristã, concentrando-se em como os crentes devem viver fielmente à luz do seu compromisso com Cristo, em vez de se aprofundarem nas doutrinas teológicas.

Três temas teológicos proeminentes emergem na Epístola de Tiago , refletindo seus ensinamentos fundamentais. A principal delas é a doutrina de Deus, que é enfatizada ao longo da carta. Tiago destaca a soberania, bondade e santidade de Deus, orientando os crentes a alinharem suas vidas de acordo com Sua vontade.

Em consonância com o seu enfoque prático e ético, Tiago também enfatiza a doutrina do pecado. A epístola aborda repetidamente a fragilidade humana, o poder destrutivo do pecado e a necessidade de arrependimento e retidão moral na vida cristã.

Surpreendentemente, a escatologia – o estudo teológico do fim dos tempos – é outro tema significativo em Tiago. Embora preocupado principalmente com a vida cristã prática, Tiago incorpora ensinamentos sobre a esperança futura dos crentes, o julgamento de Deus e as recompensas eternas que aguardam aqueles que perseveram na fé.

Ao considerar a disposição das epístolas do Novo Testamento, há uma notável simetria em seus temas e ênfases. Hebreus enfatiza a fé, complementada pela ênfase de Tiago nas boas obras. Primeiro, Pedro concentra-se na esperança futura, seguido pela ênfase de Segunda Pedro no crescimento espiritual presente. As epístolas de João enfatizam o amor, equilibrado pelo chamado de Judas para lutar fervorosamente pela fé. Esta progressão temática culmina apropriadamente no livro do Apocalipse, que promete a vitória final àqueles que permanecem fiéis a Cristo.

As epístolas do Novo Testamento fornecem coletivamente uma estrutura abrangente de fé e prática cristã nesta progressão estruturada. Eles abordam doutrinas fundamentais, imperativos éticos e esperança futura, orientando os crentes em sua jornada espiritual em direção à maturidade e à perseverança.

Compreendendo o livro de Tiago

O Livro de Tiago concentra-se intensamente na integração da fé e do comportamento, enfatizando que a verdadeira fé em Deus deve resultar naturalmente em ações que se alinhem com a Sua vontade. Basicamente, Tiago expõe o tema de "viver pela fé" ou alcançar a maturidade espiritual. Seu estilo de escrita se assemelha a uma série de sermões refinados, adaptados para publicação mais ampla, a fim de orientar os crentes em direção a uma compreensão e aplicação mais significativa de sua fé.

James prioriza o comportamento cristão, vendo a ética como a expressão externa da crença interior. Embora ele aborde as doutrinas cristãs, sua principal preocupação reside na manifestação prática da salvação na vida cotidiana – o que ele frequentemente descreve como "fé no couro dos sapatos". Esta ênfase destaca o seu desejo de que os crentes vivam a sua fé de forma tangível, refletindo o poder transformador da graça de Deus através das suas ações e atitudes.

Os ensinamentos de Tiago baseiam-se fortemente no Sermão da Montanha de Jesus. Neste discurso ético fundamental, Jesus delineou os princípios de uma vida justa. Tiago faz inúmeras referências ou alusões a este sermão, particularmente em Mateus 5 a 7, refletindo sua compreensão e aplicação profundamente enraizadas dos ensinamentos de Jesus. Por exemplo, o apelo de Jesus à justiça em Mateus 5:20, superando o dos escribas e fariseus, é ecoado pela ênfase de Tiago em demonstrar o comportamento justo de maneiras práticas.

Jesus estabeleceu o objetivo dos crentes de serem perfeitos, conforme exemplificado pelo Pai celestial (Mateus 5:48). Este chamado à maturidade na semelhança de Cristo ressoa em todas as exortações de Tiago. Ele esclarece e elabora esse objetivo através de seus ensinamentos sobre vários comportamentos, exortando os crentes a buscarem maturidade espiritual e firmeza em sua caminhada cristã.

A Epístola de Tiago serve como um guia prático para a vida cristã, profundamente enraizada nos ensinamentos éticos de Jesus Cristo. Desafia os crentes a integrarem a sua fé com a acção, esforçando-se em direcção à maturidade e à justiça à medida que navegam nos desafios e alegrias de seguir a Cristo.

Jesus forneceu insights significativos sobre o comportamento cristão e o crescimento espiritual no Sermão da Montanha. Três revelações principais deste sermão formam uma estrutura fundamental que Tiago elabora em sua epístola. Estas percepções são cruciais para compreender como os crentes podem amadurecer na sua caminhada cristã.

Primeiramente, Jesus enfatizou em Mateus 5:20 a justiça superior que os crentes deveriam exibir, contrastando-a com a justiça superficial dos escribas e fariseus. Isto estabelece o padrão para a conduta ética, exortando os crentes a buscarem a aprovação de Deus em vez do louvor humano. Tiago se baseia nisso, demonstrando como esse princípio se aplica na prática em vários aspectos da vida, exortando seus leitores a viverem para a aprovação de Deus, em vez de buscarem a validação de outros.

Em segundo lugar, Jesus ensinou em Mateus 5:48 que os crentes devem lutar pela perfeição, modelados segundo a perfeição do Pai celestial. Este chamado à maturidade em Cristo fundamenta a exortação de Tiago ao longo de sua epístola, ao abordar comportamentos e atitudes específicas que refletem esse objetivo de perfeição espiritual.

Terceiro, Jesus advertiu contra praticar a justiça para ser visto pelos outros em Mateus 6:1. Ele encorajou os crentes a viverem com sinceridade e humildade, buscando somente a aprovação de Deus. Tiago expande este ensino ilustrando como a fé genuína deve manifestar-se de maneira prática, especialmente diante de provações e desafios.

Tiago alinha seus ensinamentos estreitamente com esses princípios fundamentais do Sermão da Montanha. Por exemplo, no capítulo 1 da sua epístola, Tiago aborda o comportamento de responder às provações com paciência e perseverança, revelando o propósito de Deus ao usar as provações para desenvolver maturidade pessoal nos crentes. Ele enfatiza que suportar provações com fé leva ao crescimento espiritual e à firmeza.

No Capítulo 2, Tiago confronta o comportamento preconceituoso, enfatizando o desejo de Deus que os crentes amem todas as pessoas. Ele explica que a fé genuína deve naturalmente resultar em ações que demonstrem imparcialidade e amor, contrariando os efeitos divisivos do preconceito.

A epístola de Tiago é uma exposição prática dos ensinamentos de Jesus no Sermão da Montanha, orientando os crentes a viverem sua fé de forma autêntica e amadurecerem espiritualmente. Mostra a ligação inseparável entre fé e obras, enfatizando que a verdadeira vida cristã envolve acreditar em Cristo e uma vida transformada que reflete Seus ensinamentos.

No capítulo 3 da epístola de Tiago, o foco está no poder da nossa fala. Tiago ensina que Deus deseja que os crentes usem as suas palavras para abençoar os outros – o próprio Deus e os outros seres humanos. O método para atingir esse objetivo é buscar e aplicar a sabedoria de Deus, que nos permite falar palavras que edificam e encorajam.

Passando para o Capítulo 4, James aborda os conflitos nas relações interpessoais e pessoais internas. Aqui, o objetivo de Deus é que os crentes busquem e mantenham a paz com os outros. O método que Tiago prescreve é a submissão a Deus – ceder à Sua vontade e orientação no tratamento de conflitos externos ou internos.

O Capítulo 5 muda o foco para o uso do dinheiro. Tiago ensina que o objetivo dos crentes é usar seus recursos para servir aos outros, em vez de acumular riquezas de forma egoísta. Para atingir esse objetivo, Tiago aconselha paciência em confiar na provisão e orientação de Deus, juntamente com oração sincera buscando Sua sabedoria e direção em questões financeiras.

O estilo de escrita de James é frequentemente descrito como conciso e impactante, semelhante a um colar de pérolas onde cada parágrafo permanece como uma entidade distinta, mas interligada em tema e propósito.

Ao aplicar os ensinamentos da epístola de Tiago, duas afirmações podem ser destacadas: Em primeiro lugar, a vida de fé está repleta de desafios e obstáculos que os crentes devem superar para alcançar a meta de Deus de comportamento justo. James identifica três fontes primárias de oposição:

O espírito ou filosofia predominante no mundo, que muitas vezes incentiva a evitar provações (Capítulo 1), o favoritismo para com os influentes (Capítulo 2), a autopromoção através do discurso (Capítulo 3), a afirmação dos direitos pessoais (Capítulo 4) e a busca incansável pela riqueza (Capítulo 5).

Para viver fielmente de acordo com os ensinamentos de Tiago, os crentes são chamados a confrontar e resistir a estas influências mundanas, abraçando em vez disso os princípios de Deus de resistência, humildade e abnegação em todos os aspectos da vida.

Tiago enfatiza a necessidade de negar as concupiscências da nossa carne como um aspecto crucial da vivência da fé cristã. Em sua epístola, Tiago usa metaforicamente o termo "carne" (grego: sarx) para denotar nossa natureza humana pecaminosa - a inclinação para desejos egoístas e comportamentos pecaminosos herdados de Adão antes de nossa regeneração espiritual.

Ao longo da sua carta, Tiago identifica três fontes primárias de oposição que os crentes devem enfrentar na sua jornada de fé.

Em primeiro lugar, a carne representa a nossa natureza pecaminosa, incitando-nos a ceder aos desejos egoístas e a ceder às tentações, especialmente durante as provações (Capítulo 1). Promove o amor próprio em vez do amor pelos outros (Capítulo 2), a autoglorificação em vez da humildade e do serviço (Capítulo 3), a autoafirmação em vez da submissão a Deus (Capítulo 4) e o comportamento egoísta em vez da generosidade para com os outros. (Capítulo 5).

Em segundo lugar, Tiago adverte os crentes a resistirem ao diabo, que se opõe ativamente à obra de Deus de produzir justiça nas nossas vidas. Satanás engana ao sugerir que Deus é indiferente ou hostil para connosco através das provações (Capítulo 1), promove o favoritismo para ganho pessoal (Capítulo 2), encoraja a autopromoção no discurso (Capítulo

3), promove a auto-afirmação em vez da submissão (Capítulo 4).) e defende a acumulação de riqueza em vez de a utilizar de forma responsável (Capítulo 5).

Tiago destaca que a vida cristã não é apenas um perigo, mas também um poder. A fé, afirma ele, é a chave para superar esses perigos. Transcende as filosofias do mundo, fortalece os crentes contra o fascínio dos desejos pecaminosos e fortalece-os contra os ataques do diabo . Assim, Tiago encoraja uma vida caracterizada pela confiança e obediência contínuas a Deus, contrastando-a com os comportamentos mundanos e autossuficientes dos incrédulos.

Em resumo, a epístola de Tiago apela à fé inabalável e à obediência em Deus em meio a provações e tentações. Desafia os crentes a confiar na sabedoria e na força de Deus para enfrentar os desafios da vida e viver de uma maneira que reflita o poder transformador da fé em Cristo.

Contorno

Temas Teológicos

O Livro de Tiago, aninhado no Novo Testamento, apresenta uma estrutura robusta de insights teológicos entrelaçados com sabedoria prática para a vida cristã. Escrita por Tiago, meio-irmão de Jesus e líder proeminente da igreja primitiva, esta epístola aborda aspectos fundamentais da fé e da conduta essenciais para os crentes.

Fé e Obras:

Um dos temas teológicos centrais em Tiago é a relação entre fé e obras. Tiago argumenta enfaticamente que a fé genuína em Cristo deve se manifestar em ações práticas e em uma vida justa. Ele declara a famosa declaração: "A fé por si só, se não tiver obras, está morta" (Tiago 2:17, WEB). Esta postura teológica enfatiza a inseparabilidade entre crença e comportamento, destacando que a verdadeira fé produz frutos visíveis na vida de um crente.

Sabedoria e Discernimento:

Tiago dá uma ênfase significativa à sabedoria e ao discernimento, exortando os crentes a buscarem a sabedoria de Deus em cada decisão e circunstância. Ele contrasta a sabedoria terrena, caracterizada pela ambição egoísta e pela discórdia, com a sabedoria celestial, marcada pela pureza, paz e fecundidade (Tiago 3:13-18). Este tema teológico destaca a importância de alinhar os pensamentos e ações com a sabedoria divina de Deus, o que leva a uma vida justa e a relacionamentos harmoniosos.

Resistência e Perseverança:

Outro tema teológico proeminente em Tiago é a perseverança em meio a provações e desafios. Tiago encoraja os crentes a considerarem como motivo de grande alegria quando enfrentam várias provações, sabendo que as provações produzem firmeza e maturidade na fé (Tiago 1:2-4). Este tema destaca o poder transformador das provações na formação do caráter dos crentes e no fortalecimento da sua dependência de Deus. Reflete uma perspectiva teológica que vê as provações não como obstáculos, mas como oportunidades de crescimento espiritual e de intimidade mais profunda com Deus.

Santidade Prática e Vida Justa:

A epístola de Tiago também enfatiza a santidade prática e a vida justa como expressões de fé genuína. Ele aborda questões como o uso adequado da riqueza, imparcialidade para com os outros, controle da língua e submissão humilde à vontade de Deus. Estas exortações práticas refletem a crença teológica de Tiago de que o cristianismo autêntico envolve doutrina correta, integridade ética e pureza moral na vida cotidiana.

Esperança e Julgamento Escatológico:

Por último, Tiago incorpora o julgamento escatológico e os temas da recompensa divina em sua estrutura teológica. Ele adverte contra os perigos do mundanismo e da auto-suficiência, lembrando aos crentes do retorno iminente de Cristo e da responsabilidade que cada pessoa enfrentará perante o tribunal de Deus (Tiago 4:12; 5:7-9). Esta perspectiva teológica motiva os crentes a viverem em prontidão e antecipação do reino vindouro de Cristo, enfatizando as implicações eternas da sua fé e conduta atuais.

O Livro de Tiago oferece uma rica tapeçaria de temas teológicos que ressoam profundamente com os desafios e aspirações do discipulado cristão. Chama os crentes a uma fé activa e transformadora que abrange tanto a crença em Cristo como uma vida caracterizada por acções justas, sabedoria, perseverança nas provações, santidade prática e uma antecipação esperançosa do regresso de Cristo. Como tal, Tiago continua a ser um guia intemporal para a compreensão da ligação inseparável entre as verdades teológicas e a sua aplicação prática na vida dos crentes.

PARTE 2: Estudo versículo por versículo

PARTE 2: Estudo versículo por versículo

Tiago Capítulo 1:1-27

Saudações

1:1 Tiago, servo de Deus e do Senhor Jesus Cristo, Às doze tribos da Dispersão: Saudações.

Tiago, o autor da epístola dirigida aos primeiros crentes cristãos, apresenta-se de forma humilde e distinta. Conhecido como a forma grega do nome hebraico "Jacó", Tiago provavelmente detém a distinção de ser meio-irmão de Jesus Cristo. Sua jornada de fé começou mais tarde, durante o ministério terreno de Jesus, conforme mencionado em João 7:5 e afirmado nos relatos das aparições de Jesus pós-ressurreição (1 Coríntios 15:7). Com o tempo, Tiago emergiu como um líder proeminente dentro da igreja de Jerusalém, desempenhando um papel fundamental na sua história inicial, como observado em Gálatas 2:9 e Atos 15:13-21.

Apesar da sua ligação familiar com Jesus, Tiago opta por não enfatizar esta relação na sua introdução à epístola. Em vez disso, ele se identifica como "um servo [doulos] de Deus e do Senhor Jesus Cristo". Este termo " servo " significa sua completa dedicação e submissão a Deus Pai e a Jesus Cristo, ilustrando seu significativo compromisso espiritual. Curiosamente, Tiago e seu irmão Judas são únicos entre os escritores do Novo Testamento ao se descreverem apenas como servos , um testemunho de seu reconhecimento e estatura dentro da comunidade cristã primitiva.

A escolha deliberada de Tiago de se concentrar em sua servidão a Deus e a Jesus Cristo, em vez de em seus laços familiares, destaca sua profunda maturidade espiritual e perspectiva teológica. Ao alinhar-se como servo de Deus e de Jesus, Tiago afirma a igualdade deles e a devoção inabalável à sua autoridade e senhorio. Esta declaração ecoa expressões semelhantes às de outras figuras do Novo Testamento. Ele destaca a compreensão significativa de Tiago sobre seu papel na ordem divina e na igreja cristã primitiva.

A introdução de Tiago estabelece sua identidade e autoridade como autor da epístola. Ele destaca sua posição espiritual significativa como um servo dedicado de Deus e de Jesus Cristo. Sua humilde autodescrição dá o tom da epístola, enfatizando temas de obediência, fidelidade e o status exaltado de Jesus como Senhor ao lado de Deus Pai.

Na introdução de sua epístola, Tiago escolhe o termo " servo " (grego: doulos) não como uma marca de servilismo, mas sim como uma medalha de honra e devoção significativa. Este termo, que no primeiro século tinha um significado diferenciado, foi usado na Septuaginta para descrever líderes estimados como Moisés, Davi e os profetas – indivíduos que ocupavam posições privilegiadas e honradas em Israel (Deut. 34:5; 2 Sam. . 7:5; Jeremias 7:25; Ao identificar-se como um doulos de Deus e do Senhor Jesus Cristo, Tiago declara orgulhosamente sua submissão completa e voluntária a Deus, o Pai, e a Jesus Cristo.

Para Tiago, o termo doulos resume sua dedicação sincera em servir a Jesus Cristo. Significa não apenas uma servidão posicional, mas um profundo compromisso relacional e fidelidade espiritual. Esta autodescrição introdutória dá o tom temático para toda a sua epístola, concentrando-se em como os crentes devem viver pela sua identidade como servos do Senhor Jesus Cristo.

Tiago dirige sua carta às "doze tribos da Dispersão", uma frase comumente entendida como se referindo aos cristãos judeus que viviam fora da Palestina (Mateus 19:28; Atos 26:7). Embora alguns estudiosos sugiram que Tiago possa ter pretendido que sua carta fosse dirigida tanto aos judeus crentes quanto aos incrédulos, o conteúdo da epístola visa claramente instruir e encorajar os crentes em sua caminhada cristã. Os temas da fé, das obras, da sabedoria, da perseverança e de uma vida justa permeiam a carta de Tiago, oferecendo orientação prática para aqueles que se esforçam para viver fielmente como seguidores de Jesus Cristo.

O uso do termo doulos por Tiago destaca sua posição estimada como um servo devotado de Deus e de Jesus Cristo, destacando seu significativo compromisso espiritual e preparando o cenário para seus ensinamentos sobre a vida cristã autêntica. A sua epístola continua a ser um apelo intemporal à fé genuína, expressa através de ações justas, da procura de sabedoria e da perseverança inabalável, refletindo o poder transformador de uma vida entregue ao serviço do Senhor Jesus Cristo.

A epístola de Tiago começa com uma saudação dirigida às "doze tribos da Dispersão", uma frase que tradicionalmente se refere aos cristãos judeus espalhados fora da Palestina (Mateus 19:28; Atos 26:7). Esta designação destaca a perspectiva de Tiago sobre a unidade e continuidade de Israel como abrangendo todas as doze tribos, rejeitando a noção de tribos perdidas e afirmando uma visão holística da identidade de Israel.

Estes destinatários, provavelmente membros da igreja de Jerusalém que se dispersaram após o martírio de Estêvão (Atos 8:1, 4; 11:19-20), receberam a carta de Tiago independentemente da sua localização geográfica. Seja dentro da Palestina ou fora dela, a mensagem de Tiago transcende locais específicos, oferecendo orientação normativa tanto para cristãos judeus como para cristãos gentios. Os seus ensinamentos refletem uma unidade em Cristo que ultrapassa fronteiras étnicas e geográficas, enfatizando princípios partilhados de fé e de vida justa.

Ao contrário das interpretações que sugerem que "as doze tribos" representam simbolicamente a igreja como um novo Israel, Tiago mantém uma compreensão literal enraizada na herança judaica. Em todo o Novo Testamento, "Israel" refere-se consistentemente aos descendentes físicos de Jacó, ecoando seu uso no Antigo Testamento. A epístola de Tiago, portanto, sustenta este entendimento tradicional sem introduzir inovações teológicas relativas à composição da igreja.

A proficiência de James em grego é evidente através de suas escolhas eloquentes de gramática, sintaxe e vocabulário. Sua saudação grega comum "Saudações" (grego: chairein) reflete sua familiaridade com as convenções helenísticas. Isso dá um tom acolhedor à sua epístola. Apesar de escrever para um público judeu, James emprega a linguagem e o estilo da literatura grega contemporânea, garantindo clareza e acessibilidade aos seus leitores.

As observações introdutórias de Tiago estabelecem sua epístola como um testamento da vida cristã fundamentada na tradição judaica e em princípios cristãos mais amplos. Sua voz autoritária e sua prosa clara convidam os leitores — independentemente de sua formação ou localização — a abraçar a fé, praticar a retidão e viver de acordo com os ensinamentos de Jesus Cristo.

Teste de sua fé

Tiago abre sua epístola com uma exploração significativa das provações. Este tema ressoa profundamente com as experiências dos primeiros cristãos judeus e permanece relevante para os crentes de hoje. Dirigindo-se a uma comunidade familiarizada com a perseguição e a oposição – experiências comuns para os convertidos judeus na igreja primitiva – James fornece conselhos inspirados que transcendem o contexto histórico para oferecer sabedoria duradoura.

Para os judeus convertidos na igreja primitiva, a decisão de seguir a Cristo muitas vezes resultava em intensa hostilidade por parte dos seus companheiros judeus que não aceitavam Jesus como o Messias. Este antagonismo e perseguição, vividamente retratados no Livro dos Atos, sublinharam os desafios enfrentados por aqueles que se mantiveram firmes na sua fé no meio da pressão e rejeição da sociedade.

Na sua carta, o tratamento dado por Tiago às provações reflete uma preocupação pastoral de equipar os crentes com uma perspectiva positiva sobre a adversidade. Ele não descarta as provações como experiências sem sentido ou meramente dolorosas. Ainda assim, ele instrui seus leitores a vê-los através das lentes da fé e da perseverança. Ao encorajar a perseverança e promover uma mentalidade que vê as provações como instrumentos nas mãos de Deus, Tiago ensina que estes desafios têm um propósito de moldar os crentes em vasos que glorificam a Deus.

O valor das provações, segundo James, reside no seu poder transformador. Em vez de obstáculos à fé, as provações tornam-se oportunidades de crescimento, refinamento do caráter e aprofundamento da maturidade espiritual. As palavras de Tiago ressoam através de gerações, lembrando aos cristãos de todas as idades que suportar provações com fidelidade leva a uma fé fortalecida e mais resiliente.

O ensino de Tiago sobre as provações convida os crentes a abraçar uma perspectiva baseada na fé, reconhecendo que Deus trabalha através das dificuldades para moldar o Seu povo em vasos de honra e testemunho. Esta mensagem fundamental permanece eternamente relevante, oferecendo encorajamento e orientação duradouros para enfrentar os desafios da vida com confiança inabalável nos propósitos soberanos de Deus.

1:2 Meus irmãos, considerem motivo de grande alegria o fato de passarem por provações de vários tipos,

Na sua discussão sobre as provações, Tiago abrange um amplo espectro de desafios que os crentes enfrentam. Estas provações não se limitam a dificuldades específicas, como reveses financeiros ou crises pessoais, mas abrangem qualquer situação que teste a fé, integridade ou firmeza de uma pessoa em seguir a vontade de Deus.

A palavra grega traduzida como "provações" ou "tentações" (peirasmois) carrega um significado matizado que vai além de meras dificuldades externas. Denota um teste ou prova de fidelidade, integridade, virtude e constância. Isto inclui pressões externas, adversidades, lutas internas e tentações que atraem os indivíduos para longe dos propósitos de Deus.

Tiago esclarece que essas provações não são apenas ocorrências aleatórias, mas são situações em que os crentes são tentados a responder de maneira contrária à vontade de Deus. Ele enfatiza que estas provações servem como testes de fé, desafiando os crentes a permanecerem firmes e obedientes a Deus, em vez de sucumbirem a comportamentos ou atitudes pecaminosas.

O contexto da carta de Tiago destaca o seu público: ele repetidamente se dirige a eles como "meus irmãos e irmãs" ao longo da epístola, afirmando o seu estatuto como companheiros crentes em Cristo. Este discurso familiar, que ocorre 15 vezes na carta, indica que Tiago está escrevendo aos cristãos que navegam pelas complexidades de viver a sua fé num mundo desafiador.

É importante ressaltar que Tiago não duvida da autenticidade da sua fé. Mesmo em passagens como Tiago 2:14-26, onde discute a relação entre fé e obras, Tiago assume o compromisso genuíno de seus leitores com Cristo. Esta compreensão fundamental molda as exortações e ensinamentos de Tiago ao longo da carta, fundamentando-os na realidade da vida cristã em meio a provações e tentações.

O tratamento dado por Tiago às provações abrange tanto dificuldades externas como lutas internas, enfatizando que estas experiências permitem aos crentes crescer na fé e demonstrar o seu compromisso com Deus. A sua orientação permanece relevante hoje, encorajando os cristãos a enfrentarem provações com fé, sabendo que Deus usa esses desafios para fortalecer e refinar o seu carácter.

Tiago aconselhou seus leitores a abordarem provações e tentações com uma perspectiva que inicialmente poderia parecer contra-intuitiva: alegria. Ele não sugeriu que eles se alegrassem por causa das provações, como se a dor e o sofrimento fossem inerentemente bons. Ainda assim, ele os incentivou a sentir alegria no crescimento espiritual e na maturidade resultantes de provações suportadas fielmente.

Quando Tiago diz: "Meus irmãos, considerem motivo de grande alegria o fato de passarem por diversas provações" (Tiago 1:2), ele não está defendendo uma atitude masoquista que celebra a dor. Em vez disso, ele desafia os crentes a verem as suas provações como refinamento espiritual e oportunidades de desenvolvimento. Esta perspectiva muda o foco do desconforto das provações para os resultados benéficos que Deus pode produzir através delas.

A frase "toda alegria" também pode ser entendida como "pura alegria", enfatizando uma alegria não diluída e não afetada pelas circunstâncias. Esse tipo de alegria não depende de fatores externos. Ainda assim, está arraigado numa profunda confiança na soberania de Deus e nos seus propósitos de permitir provações.

Tiago reconhece que as provações vêm do mundo, da nossa natureza pecaminosa (a carne) e da oposição espiritual (o diabo). Tiago ensina que os cristãos podem responder com alegria, apesar das suas origens, porque as provações levam à perseverança, à maturidade e a uma confiança mais profunda em Deus (Tiago 1:3-4).

Portanto, Tiago incentiva os crentes a manterem uma atitude de alegria mesmo em meio às dificuldades, sabendo que Deus pode usar esses desafios para produzir uma fé firme e madura. Esta perspectiva bíblica desafia-nos a confiar na sabedoria e na bondade de Deus, acreditando que ele pode trazer crescimento e transformação através de cada provação que enfrentamos.

1:3 pois você sabe que a prova da sua fé produz firmeza. 1:4 E deixe a firmeza ter seu pleno efeito, para que você seja perfeito e completo, sem faltar em nada.

De acordo com Tiago, as provações têm um propósito significativo na vida de um crente – não são sofrimento arbitrário, mas ferramentas intencionais que Deus usa para refinar e amadurecer a nossa fé. Tiago começa exortando seus leitores a considerarem as provações como oportunidades de crescimento e desenvolvimento espiritual, em vez de meras fontes de dor ou inconveniência.

A palavra grega para "testar" (dokimion) que Tiago usa implica demonstrar a verdadeira qualidade ou caráter de algo através de uma prova. Assim como o fogo testa e refina o ouro para revelar a sua pureza, as provações testam e revelam a profundidade e autenticidade da nossa fé em Deus. Para os crentes, as provações testam a nossa confiança e obediência a Deus, levando-nos além dos nossos limites e desafiando-nos a confiar mais plenamente na Sua força e sabedoria.

Tiago enfatiza que essas provações, quando suportadas com paciência (hypomonen), produzem resistência, firmeza e perseverança em nossa jornada de fé (Tiago 1:3-4). Essa perseverança não significa apenas suportar as dificuldades passivamente, mas permanecer ativamente firme na fé em meio às provações, como permanecer firme em uma tempestade.

O objetivo, como diz Tiago, é que os crentes se tornem "perfeitos e completos", sem falta de nada (Tiago 1:4). Esta perfeição (holokleros) refere-se a estar plenamente desenvolvido e amadurecido em todas as áreas essenciais da vida, cumprindo o propósito para o qual Deus nos chamou. Trata-se de alcançar o nosso potencial mais elevado em Cristo, crescendo à semelhança do próprio Cristo (Mateus 5:48).

Portanto, em vez de tentar escapar das provações ou ressentir-se delas, Tiago encoraja os crentes a abraçá-las com alegria. Essa alegria não consiste em celebrar a dor, mas em regozijar-se no trabalho transformador que Deus está realizando através das provações. É um reconhecimento de que Deus usa as provações para nos aperfeiçoar, para nos aproximar do Seu propósito pretendido para as nossas vidas.

Tiago ensina que as provações não são obstáculos à nossa fé, mas oportunidades para que ela se aprofunde e amadureça. Ao suportar as provações com fé e paciência, os crentes podem crescer na plenitude da semelhança de Cristo e tornar-se testemunhas eficazes da glória de Deus no mundo. Esta perspectiva desafia-nos a abraçar as provações como parte do processo de refinamento de Deus, confiando que Ele está a trabalhar todas as coisas juntas para o nosso bem final e para a Sua glória.

Tiago introduz um conceito significativo em sua epístola: viver pela fé. Este tema, que permeia toda a carta, destaca o resultado prático da fé genuína na vida diária dos crentes. Para Tiago, a fé não é apenas um evento passado de justificação , mas um estilo de vida contínuo caracterizado pela confiança em Deus e pela obediência aos Seus mandamentos.

Como propõem alguns estudiosos, a frase "testes de uma fé viva" resume a ênfase de Tiago na conexão inseparável entre fé e ação. Aborda como a fé genuína se manifesta na conduta e nas escolhas do crente, especialmente diante de provações, tentações e desafios diários.

Tiago identifica uma questão fundamental entre os seus leitores: uma compreensão distorcida da salvação pela fé e as suas implicações para a vida cristã diária. Ele confronta o equívoco de que a fé pode existir independentemente das obras ou de que o mero assentimento intelectual às doutrinas é suficiente para uma vida cristã vibrante. Em vez disso, Tiago argumenta veementemente que a verdadeira fé deve inevitavelmente produzir frutos visíveis no comportamento e nas atitudes do crente.

Este tema prepara o terreno para a discussão posterior de Tiago no capítulo 2, onde ele aborda a relação entre fé e obras. Ele ilustra que a fé genuína deve resultar naturalmente em ações que reflitam o caráter e a vontade de Deus quando testadas por provações e desafios. A preocupação de James não é apenas teórica; é profundamente prático, com o objetivo de orientar seus leitores em direção a uma vida de maturidade espiritual e integridade.

Tiago desafia os crentes a viverem a sua fé autenticamente em todos os aspectos da vida. Ele exorta-os a aceitarem provações para demonstrarem a sua confiança em Deus e permitirem que a sua fé molde as suas respostas ao mundo que os rodeia. Este apelo a "viver pela fé" serve como um grito de guerra para os cristãos alinharem as suas crenças com as suas ações, garantindo que as suas vidas dão testemunho do poder transformador de um relacionamento genuíno com Cristo.

1:5 Se algum de vocês tem falta de sabedoria, peça-a a Deus, que a todos dá generosamente, sem censura, e ela lhe será dada.

Na sua carta, Tiago aborda um aspecto crítico da vida cristã: a necessidade de sabedoria para enfrentar as provações de forma eficaz. Ele reconhece que as provações muitas vezes revelam deficiências, incluindo falta de sabedoria — especificamente, a sabedoria divina necessária para enfrentar os desafios com uma perspectiva adequada.

Quando Tiago fala de sabedoria (em grego: sophia), ele se baseia na tradição da literatura sapiencial do Antigo Testamento, onde a sabedoria é retratada como a compreensão e a aplicação da verdade revelada de Deus na vida diária. Não é apenas o conhecimento intelectual, mas o insight prático que alinha a vida de uma pessoa com a ordem e a vontade justa de Deus (Hiebert, 1978). Esta sabedoria, afirma Tiago, é essencial para os crentes que enfrentam provações, pois permite-lhes ver estas dificuldades da perspectiva de Deus e não da perspectiva do mundo.

No contexto bíblico mais amplo, a sabedoria é frequentemente associada ao Espírito Santo, que concede compreensão e orienta os crentes a viverem de acordo com os princípios de Deus. Isto se alinha com o ensino de Tiago de que o cristão sábio se submete à verdade revelada de Deus, particularmente nas Escrituras.

Tiago enfatiza que embora o mundo possa procurar evitar provações a todo custo, vendo-as como experiências puramente negativas, a perspectiva cristã deveria ser diferente. Em vez de procurarem uma fuga, os crentes são encorajados a abraçar as provações com alegria, sabendo que elas servem um propósito transformador no seu crescimento espiritual. Esta perspectiva contrasta fortemente com a sabedoria mundana, que muitas vezes dá prioridade ao conforto imediato e evita o desconforto.

Ao relacionar a sabedoria com a capacidade de suportar provações com alegria e fidelidade, Tiago destaca o resultado prático da fé. A sabedoria capacita os crentes a responder às provações não com desespero ou evasão, mas com firmeza e uma confiança mais profunda em Deus. Esta compreensão é crucial para o tema abrangente de Tiago sobre viver pela fé. Este tema permeia sua carta e orienta os crentes para a maturidade e plenitude em Cristo.

Na exortação de Tiago a respeito da sabedoria, ele enfatiza a natureza essencial da compreensão da vida a partir da perspectiva de Deus. Ele encoraja os crentes a buscarem continuamente essa sabedoria através da oração, usando um presente imperativo ativo em grego que significa ação contínua – o que implica que pedir sabedoria deve ser uma prática regular (Hodges, 1102).

Tiago assegura aos crentes que Deus responde generosamente àqueles que buscam sabedoria com sinceridade. Ele usa termos como "livremente" e "graciosamente" para descrever a atitude de Deus em relação à concessão de sabedoria, enfatizando que Deus dá sem censura ou reserva. Isso significa que Deus não considera as falhas do passado contra o peticionário nem retém a sabedoria com base em deficiências futuras (Hiebert, 224).

Esta promessa da doação generosa de Deus está enraizada no Seu carácter de Pai amoroso e sábio que deseja que os Seus filhos cresçam em compreensão e maturidade. Reflete o princípio bíblico de que Deus se deleita em conceder sabedoria àqueles que pedem humildemente, confiando em Sua provisão (Isaías 42:3; Mateus 12:20).

No entanto, Tiago esclarece que a sabedoria que Deus concede não é necessariamente brilho intelectual ou um QI mais elevado. Em vez disso, é a capacidade de discernir e abraçar a perspectiva de Deus sobre provações e desafios. Isto se alinha com o ensino mais amplo de Tiago sobre suportar as provações com alegria e perseverança, sabendo que essas experiências contribuem para o crescimento espiritual e a maturidade (Wiersbe , 13).

Portanto, a instrução de Tiago sobre a busca da sabedoria destaca a importância de alinhar o entendimento com a verdade de Deus, particularmente na forma como os crentes abordam e suportam as provações. Esta busca pela sabedoria é essencial para enfrentar as dificuldades da vida de uma forma que honre a Deus e reflita Sua sabedoria e graça.

1:6 Mas peça com fé, sem duvidar, pois quem duvida é como a onda do mar levada e agitada pelo vento.

Nos ensinamentos de Tiago sobre oração e fé, ele destaca o papel crítico da fé como fundamento da oração eficaz. De acordo com o entendimento bíblico, pedir "com fé" envolve acreditar nas promessas de Deus ou na Sua capacidade de agir mesmo quando promessas específicas não são articuladas (Mateus 8:1-4; Marcos 4:35-41).

Tiago enfatiza que a fé é a condição essencial para a oração, implicando uma confiança completa na fidelidade e no poder de Deus (Hiebert, 225). A frase "sem qualquer dúvida" na tradução da NASB é melhor entendida como pedir "com fé, livre de motivos divididos e atitudes divisórias" (Hodges, 1102). Isso esclarece que Tiago está preocupado com uma fé indivisa, sincera e totalmente dependente de Deus.

Quando os crentes oram com motivos divididos ou com corações duvidosos, Tiago os compara às ondas do oceano agitadas por forças externas, como o vento (kludon em grego), que perturba sua estabilidade e consistência (Mayor, 31). Esta metáfora ilustra como a falta de fé e consistência na confiança na vontade de Deus pode levar à instabilidade na vida de um crente, semelhante à forma como as ondas são impulsionadas por pressões externas e não pela firmeza interna no Espírito Santo.

A analogia das ondas impelidas pelo vento destaca a necessidade dos crentes ancorarem firmemente a sua fé no cárcter e nas promessas de Deus, resistindo à tendência de vacilar ou ser influenciado pelas circunstâncias. Assim como as ondas do mar flutuam de acordo com as condições externas, também a fé de um crente pode vacilar sem uma confiança inabalável na soberania e na bondade de Deus.

Portanto, a instrução de Tiago encoraja os crentes a orar a Deus com fé inabalável, confiando na Sua capacidade de agir de acordo com a Sua vontade e propósitos. Esta fé inabalável fortalece a vida de oração e promove a estabilidade espiritual em meio a circunstâncias flutuantes.

1:7 Pois essa pessoa não deve supor que receberá alguma coisa do Senhor;

As lutas de tal indivíduo são subjetivas e objetivas. Subjetivamente, eles sentem que as circunstâncias ditam o seu caminho, em vez de confiarem na orientação de Deus. Objectivamente, estes desafios são reais – à mercê de acontecimentos incontroláveis. Este tipo de inconsistência, descrita como sendo "dobre de espírito" ou "instável" (Tiago 1:8), reflecte uma resistência à obra transformadora de Deus através de provações.

Em vez de permitir que as provações refinem o seu cárcter e fé, Deus deve educá-los sobre a sua atitude em relação a estes desafios. No contexto de Tiago 1, o termo "qualquer coisa" (Tiago 1:7) refere-se principalmente à sabedoria (Tiago 1:5). Se tal pessoa não confiar completamente em Deus ("pedir com fé", Tiago 1:6), ela perderá a confiança que surge por saber que Deus é soberano sobre suas provações. Conseqüentemente, eles não podem esperar receber do Senhor a sabedoria espiritual de que necessitam.

Numa escala mais ampla, a falta de confiança em Deus mina a segurança de acreditar na Sua verdade revelada, que abrange o Seu controle sobre todos os aspectos da vida.

1:8 ele é um homem de coração dobre, instável em todos os seus caminhos.

Nesta passagem, o termo "dobre a mente" (grego: dipsychos , lit. de duas almas; cf. Tiago 4:8) descreve alguém que confia e obedece a Deus apenas parcialmente, faltando consistência em sua fé. Tal pessoa é caracterizada por opiniões ou lealdades divididas, semelhantes a indivíduos como Ló (cf. Gênesis 13-19), que vacilaram em sua lealdade. Jesus também falou da impossibilidade de servir a dois senhores (Mateus 6:24), destacando a instabilidade inerente à devoção dividida.

De acordo com o texto, o indivíduo "dobrado" é instável e instável, exibindo uma fé inconstante e vacilante, semelhante a alguém que cambaleia ou cambaleia como uma pessoa bêbada. Este conflito interno é uma batalha contínua entre a confiança e a desconfiança em Deus.

Em contraste, Tiago encoraja os cristãos a buscarem a perspectiva de Deus sobre as provações (Tiago 1:3-4) através da oração. Ele ensina que os crentes podem encontrar alegria mesmo em provações que os tentam a se desviar da vontade de Deus. Essa alegria decorre de saber que permanecer fiel na adversidade permite que Deus use esses desafios para produzir maturidade espiritual e trazer glória para Si mesmo. Assim, as provações tornam-se oportunidades de crescimento e alinhamento com os propósitos de Deus.

1:9 Glorie-se o irmão humilde na sua exaltação,

Tiago continua sua exortação exortando seus leitores a alinharem sua perspectiva com a de Deus em relação às suas provações (Tiago 1:2-4). Agora, ele expande esse conselho para abranger todos os aspectos de suas circunstâncias.

Em Tiago 1:9, ele se dirige aos crentes materialmente pobres, encorajando-os a encontrar alegria, concentrando os seus pensamentos nas suas riquezas espirituais – a sua elevada posição em Cristo. Esta mudança de perspectiva desafia-os a ver além da sua carência material imediata e a reconhecer o valor eterno e a dignidade que possuem como filhos de Deus. Esta riqueza espiritual contrasta com a sua pobreza terrena, lembrando-lhes que a sua verdadeira identidade e valor se encontram na sua relação com Deus e não nos seus bens materiais.

O ensino de Tiago destaca o poder transformador de adotar o ponto de vista de Deus. Ao abraçar esta perspectiva, os crentes podem encontrar alegria e força mesmo em circunstâncias desafiadoras, à medida que ancoram a sua identidade e esperança nas promessas e bênçãos imutáveis de Deus.

1:10 e o rico na sua humilhação porque ele passará como uma flor da erva.

Tiago dirige-se aos materialmente ricos, alertando-os para que se lembrem da natureza passageira das suas riquezas, que "passarão". Ele os encoraja a reconhecer sua verdadeira posição diante de Deus, marcada pela humildade e não pelo orgulho de sua riqueza. Isto contrasta fortemente com a ênfase comum da sociedade no sucesso material e no status.

A frase "gloriar-se na sua humilhação" (Tiago 1:10) destaca a natureza paradoxal da fé cristã, onde abraçar a humildade e reconhecer a própria pobreza espiritual diante de Deus se torna uma fonte de verdadeira honra. Esta ideia reflete o tema bíblico de que Deus exalta os humildes e derruba os orgulhosos (Lucas 18:14).

James emprega imagens vívidas para ilustrar a impermanência da riqueza material. Ele compara as riquezas dos ricos à grama que murcha e às flores que murcham, recorrendo à linguagem profética de Isaías 40:6-8. Esta metáfora não só enfatiza a natureza transitória das posses terrenas, mas também serve como um lembrete da brevidade da própria vida.

Os comentaristas debatem se Tiago se dirige especificamente aos crentes ou a um público mais amplo com sua advertência aos ricos. Enquanto alguns argumentam que Tiago provavelmente se refere a crentes ricos, possivelmente cristãos judeus, dado o contexto (Tiago 1:1; 5:1-6), outros sugerem uma aplicação mais ampla, abrangendo tanto crentes como não crentes. Independentemente disso, a mensagem de Tiago ressoa universalmente: a riqueza material não tem valor eterno face à morte e ao julgamento divino (1 Timóteo 6:9-10, 17-19).

Em última análise, os ensinamentos de Tiago convidam todos, independentemente das suas circunstâncias materiais, a encontrar o seu verdadeiro valor e segurança na preocupação graciosa e amorosa de Deus, transcendendo as fugazes riquezas e honras terrenas.

1:11 Porque o sol nasce com o seu calor abrasador e seca a erva; sua flor cai e sua beleza perece. Assim também o homem rico desaparecerá em suas atividades.

"A flor" da "grama", conforme descrita por James, representa sua fase verde e vibrante quando está no auge da saúde e vitalidade. No entanto, este crescimento exuberante rapidamente dá lugar ao murchamento e ao escurecimento no clima árido do Médio Oriente, simbolizando a natureza transitória da prosperidade e da beleza da vida (cf. Mateus 6:30). Da mesma forma, Tiago usa esta imagem para alertar os ricos de que a sua abundância material, como a erva florescente, também pode desaparecer rapidamente ("morrer") (Tiago 1:10; 4:13).

O contraste entre ricos e pobres realça uma verdade espiritual mais profunda: as distinções terrenas não têm significado duradouro à luz da eternidade. O comentário de um incrédulo rico sobre um amigo cristão pobre destaca esta perspectiva, revelando que enquanto a riqueza material permanece após a morte, o crente fiel herda a vida eterna (cf. Tiago 1:10).

Tiago ensina que tanto as provações como os triunfos na vida são temporários. Esta compreensão serve para temperar a nossa resistência através das dificuldades e protege contra o excesso de confiança em tempos de sucesso (Tiago 1:2-4). Ao reconhecer a natureza passageira das circunstâncias terrenas, os crentes são encorajados a cultivar uma fé resiliente que permanece inabalável em todas as épocas da vida.

A seção introdutória de Tiago (Tiago 1:2-11) harmoniza-se com a sua conclusão (Tiago 5:7-20). Ambos os segmentos enfatizam a importância da paciência na adversidade (Tiago 1:2-4; 5:7-12) e o poder da oração em todas as circunstâncias (Tiago 1:5-8; 5:13-18). Eles também compartilham um foco temático nas diversas experiências e contrastes da vida (Tiago 1:9-11; 5:19-20), ilustrando a abordagem holística de Tiago à sabedoria espiritual e à vida prática na fé cristã.

1:12 Bem-aventurado o homem que permanece firme na provação, pois quando passar pela prova, receberá a coroa da vida, que Deus prometeu àqueles que o amam.

Tiago revelou o propósito transformador das provações na vida dos cristãos, ilustrando como Deus as usa para refinar e aperfeiçoar os crentes. Ele enfatiza a importância de obter a perspectiva de Deus sobre as provações, especialmente quando o seu propósito pode parecer obscurecido pela dificuldade.

Seguindo em frente, Tiago aborda as consequências da obediência e da desobediência e explora as origens das tentações. Seu objetivo é equipar seus leitores com o entendimento necessário para administrar eficazmente suas provações e permanecer firmes em sua fé.

À luz do uso pretendido de Deus para as provações, Tiago encoraja os crentes a perseverarem com alegria na vontade de Deus. Ele destaca que todo desafio externo também traz consigo uma tentação interna – um fascínio para o pecado (Tiago 1:14). Portanto, aqueles que suportam as provações sem sucumbir a estas tentações demonstram o seu amor a Deus. Aqui, Tiago usa a mesma palavra grega para provações como no versículo 2, agora focando no aspecto negativo das tentações que acompanham as provações.

Aqueles que suportam fielmente provações severas, resistindo às tentações por amor a Deus, recebem a promessa da "coroa da vida" (Tiago 1:12), ecoando a garantia dada em Apocalipse 2:10. Esta coroa representa a recompensa final – uma vida eterna cumprida e uma posição exaltada com Cristo, reservada para aqueles que permanecem fiéis durante as provações (Mateus 5:3-10; 5:11-12).

Tiago esclarece que esta "vida que Deus prometeu" excede o dom inicial da vida eterna recebido na salvação (João 5:24). Significa uma maior qualidade de vida, concedida como recompensa por perseverar fielmente além da fé inicial.

No entanto, Tiago também emite uma advertência sóbria através da analogia de Esaú, que desconsiderou o seu direito de primogenitura em busca de gratificação imediata (Gênesis 25:29-34). Da mesma forma, os cristãos que subestimam a sua herança espiritual podem perder as suas bênçãos. Apesar de serem herdeiros das promessas de Deus, aqueles que negligenciam o seu direito espiritual de nascença correm o risco de serem rejeitados pela bênção final reservada aos fiéis.

Em resumo, Tiago exorta os crentes a perseverarem na fé em meio às provações, resistindo às tentações que os acompanham, garantindo assim a recompensa eterna prometida por Deus para aqueles que O amam e permanecem firmes na obediência.

Tiago destaca a importância crítica do amor genuíno a Deus entre os cristãos, enfatizando que nem todos os que afirmam ter fé realmente incorporam este amor (Tiago 1:12). Até Jesus achou necessário exortar os Seus discípulos quanto ao amor que tinham por Ele (João 14:21-24), revelando que o amor a Deus é evidenciado mais profundamente durante as provações e desafios.

O conceito de receber coroas nas Escrituras simboliza várias recompensas concedidas aos crentes fiéis, em vez de coroas físicas literais. Estas recompensas simbólicas destacam qualidades como fidelidade, perseverança, liderança, lealdade a Cristo, evangelismo, discipulado e vitória do mundo (1 Coríntios 9:25; 1 Tessalonicenses 2:19; 2 Timóteo 4:8; Tiago 1:12; Apocalipse 2:10; 1 Pedro 5:4).

Estas coroas e outras metáforas, como metais preciosos e vestimentas, significam as recompensas eternas que aguardam os crentes que demonstram o seu amor a Deus perseverando nas provações e permanecendo firmes na sua fé. Abrangem não apenas a promessa de vida eterna abundante, mas também incluem bênçãos como reinar com Cristo, intimidade com Ele e aceitação e louvor eternos de Deus.

Os crentes podem esperar uma herança futura que inclua a entrada no reino de Deus, a vida eterna e a participação na glória do reinado de Cristo. Aqueles que suportam fielmente as provações e demonstram seu amor a Deus herdarão essas bênçãos em todo o seu potencial no presente e no futuro.

1:13 Ninguém diga quando for tentado: "Estou sendo tentado por Deus", pois Deus não pode ser tentado pelo mal e ele não tenta ninguém.

Tiago esclarece uma distinção crucial a respeito das provações e tentações na vida dos crentes. Ele afirma inequivocamente que Deus nunca é a fonte da tentação (Tiago 1:13). Ao contrário de algumas crenças errôneas entre certos judeus que atribuíram a existência do impulso maligno à criação de Deus, Tiago afirma que Deus, sendo totalmente separado do pecado, não pode ser associado a tentar alguém a pecar (Tiago 1:13).

Em termos teológicos, embora Deus permita que provações e desafios ocorram nas nossas vidas – como os ilustrados na história de Jó (Jó 1-2) – Ele não nos tenta ativamente para o pecado. As principais fontes de tentação são o mundo, a carne (natureza humana propensa ao pecado) e o diabo (Tiago 4:7; 1 Pedro 5:8). Esses elementos, que Tiago não menciona explicitamente nesta passagem, são os principais influenciadores que levam os indivíduos a ações pecaminosas.

O ensino de Tiago está alinhado com a instrução de Jesus aos Seus discípulos em relação à oração, especificamente na Oração do Pai Nosso, onde Jesus usa uma figura de linguagem (litotes) para enfatizar o pedido a Deus para não nos levar à tentação (Mateus 6:13; Lucas 11:4). . Esta frase não deve ser interpretada como implicando que Deus tenta ativamente o Seu povo, mas antes destaca a importância de procurar a Sua orientação e proteção contra o fascínio da tentação.

A implicação prática do ensino de Tiago é que os crentes devem confiar na força de Deus para resistir à tentação e perseverar nas provações sem atribuir a tentação a Deus. Esta compreensão reforça a necessidade de dependência contínua da orientação e da graça de Deus , especialmente durante as adversidades, para manter uma caminhada fiel com Ele.

1:14 Mas cada pessoa é tentada quando atraída e seduzida pelo seu desejo.

Tiago enfatiza a responsabilidade pessoal ao ceder à tentação, em vez de atribuir a tentação a Deus. Ele esclarece que Deus, em Sua santidade e bondade, não responde positivamente ao pecado. Ainda assim, ser suscetível a desejos pecaminosos faz parte da natureza humana (Tiago 1:13).

O termo "desejo" (epitímia), muitas vezes traduzido como "luxúria", carrega um significado mais amplo no Novo Testamento, abrangendo não apenas paixões sexuais, mas também desejos egoístas e ilícitos. Tiago destaca que esses desejos se originam dentro de nós, refletindo nossa natureza decaída (Tiago 1:14). Isto contrasta com o caráter de Deus, que permanece inabalavelmente santo e justo.

Compreender a distinção entre Deus permitir provações e tentar-nos ativamente é crucial. Tiago traça um paralelo com a paternidade terrena: assim como um pai amoroso não procura levar seu filho ao pecado, mas permite que ele enfrente desafios e faça escolhas morais para crescer e amadurecer, Deus também nos permite enfrentar provações, incluindo tentações, para o nosso crescimento espiritual (Tiago 1:18; Lucas 11:13). Deus, como Pai perfeito, apenas dá boas dádivas aos Seus filhos, buscando o seu crescimento e maturidade em vez da sua queda moral.

Em termos práticos, reconhecer que as tentações surgem de dentro de nós mesmos ou de fontes externas, mas não de Deus, ajuda os crentes a enfrentar as provações com uma mentalidade de responsabilidade e confiança na orientação de

Deus. Como um professor habilidoso que testa os alunos para promover o crescimento, Deus permite que as provações fortaleçam a nossa fé e o nosso caráter, sempre com a intenção de amadurecer espiritualmente e nos aproximar Dele. Esta perspectiva incentiva os crentes a buscarem a sabedoria e a força de Deus para resistir à tentação, ao mesmo tempo que abraçam as oportunidades de crescimento apresentadas através das provações.

1:15 Então o desejo, quando concebido, dá origem ao pecado, e o pecado, quando plenamente desenvolvido, gera a morte.

No contexto dos ensinamentos de Tiago, "luxúria" refere-se a qualquer desejo que procura satisfazer-se à parte da vontade de Deus. Abrange desejos ocultos escondidos no coração e ações abertas que se manifestam como pecado se não forem controladas (Tiago 1:14-15). Se não for controlada, a luxúria leva inevitavelmente ao pecado, e o pecado sem arrependimento resulta em morte espiritual e muitas vezes física (Romanos 6:21-23; 8:6).

Tiago ilustra vividamente esta progressão com a analogia da concepção, nascimento e morte. Quando a concupiscência concebe e dá à luz o pecado, o resultado final é a morte – separação espiritual de Deus (Tiago 1:15). Este conceito contrasta fortemente com o desejo de Deus de conduzir os crentes à plenitude da vida e à promessa da coroa da vida para aqueles que suportam as provações fielmente (Tiago 1:12).

A identificação de Mayor de sete estágios sucessivos de tentação destaca como ceder à luxúria envolve uma rendição gradual da vontade aos desejos pecaminosos, em vez de submeter-se à orientação de Deus (Tiago 1:14). Este processo gradual, se não for controlado, afasta ainda mais os indivíduos do caminho de justiça pretendido por Deus.

A analogia de Martinho Lutero sobre os pássaros voando acima, mas não fazendo ninhos nos cabelos, resume que, embora as tentações possam surgir, os crentes podem resistir a ceder a elas por meio da vigilância e da confiança na força de Deus (Tiago 4:7).

Em última análise, a mensagem de Tiago obriga os crentes a confrontar a seriedade e as graves consequências do pecado. A imagem da morte serve como um lembrete claro de que o caminho do pecado leva para longe da vida abundante de Deus e para a morte espiritual. Resistir à tentação, por outro lado, leva à plenitude de vida que Cristo promete (João 10:10).

Em resumo, Tiago exorta os crentes a cortar o pecado pela raiz da luxúria, exercendo vigilância sobre os seus desejos, confiando na força de Deus e obedecendo à Sua vontade. Esta firmeza garante que os crentes caminhem no caminho da vida, assegurando as recompensas eternas prometidas àqueles que suportam as provações fielmente.

1:16 Não se enganem, meus amados irmãos.

Tiago aborda a questão do caráter de Deus e de Seu trato com Seus filhos, com o objetivo de dissipar quaisquer dúvidas ou equívocos sobre a bondade e as intenções de Deus (Tiago 1:16). Esta defesa teológica do carácter de Deus é conhecida como "teodiceia", que procura justificar a justiça e a bondade de Deus, apesar da presença do mal e do sofrimento no mundo.

Tiago emprega a frase enfática "Não se deixem enganar", usada em outras partes das Escrituras para alertar contra a má compreensão dos caminhos de Deus (1 Coríntios 6:9; 15:33; Gálatas 6:7; 1 João 3:7). Ele afirma inequivocamente que Deus não é a fonte da tentação ao pecado (Tiago 1:13). Para ilustrar este ponto, Tiago refere-se ao exemplo de Abraão, a quem Deus testou ordenando-lhe que sacrificasse o seu filho Isaque (Gênesis 22:2). Este teste não foi uma tentação para pecar, mas uma prova da obediência de Abraão, demonstrando em última análise a provisão e a fidelidade de Deus ao impedir o sacrifício de Isaque (Gênesis 22:12).

Nos versículos 17 e 18, Tiago elucida ainda mais a natureza e os propósitos de Deus. Ele enfatiza que toda boa dádiva e todo dom perfeito vêm do alto, do Pai das luzes, que é imutável e consistente em Sua bondade (Tiago 1:17). Isto contrasta fortemente com a advertência contra ceder à tentação no versículo 15, que destaca as graves consequências de sucumbir a desejos e ações pecaminosas.

A reflexão teológica de Tiago visa tranquilizar os crentes sobre o caráter inabalável de Deus e Suas intenções benevolentes para com eles. Ele os encoraja a confiar na bondade e na sabedoria de Deus, mesmo em provações e desafios. Este entendimento ajuda os crentes a resistir ao engano de que Deus pode tentá-los a pecar. Em vez disso, leva-os a abraçar a certeza da bondade e da graça de Deus em todas as circunstâncias.

1:17 Toda dádiva boa e perfeita vem do alto, descendo do Pai das luzes, em quem não há variação ou sombra devido à mudança.

Tiago enfatiza que todo ato de dar e todo presente perfeito se origina de Deus (Tiago 1:17). O texto grego usa duas palavras distintas para realçar isto: " dosis ", que significa o ato de dar, acompanhado do adjetivo para o bem, e " dorema ", que se refere aos próprios dons recebidos, precedidos pelo adjetivo para perfeito. Estas expressões destacam que as doações de Deus são sempre boas e que as Suas dádivas são sempre perfeitas (Tiago 1:17).

Em contraste com a bondade e perfeição dos dons de Deus, Tiago esclarece que as tentações ao pecado não vêm de Deus (Tiago 1:13). Assim como Deus criou o sol e a lua para trazer luz e variação, Seu caráter e ações são marcados por consistência e pureza inabaláveis, desprovidos de qualquer variação ou sombra de mudança (1 João 1:5). Esta natureza imutável garante que tudo o que Deus faz é, em última análise, para a Sua glória e para o benefício da Sua criação.

A frase "do alto", traduzida da palavra grega " anothen ", ecoa o ensinamento de Jesus a Nicodemos sobre a necessidade de nascer de novo (João 3:7). Neste contexto, nascer de novo simboliza o novo nascimento como uma dádiva de Deus, ilustrando a Sua graça e poder transformador na vida dos crentes.

A representação de Deus por Tiago como o Pai das luzes, mais puro e claro do que todas as fontes de luz criadas, reforça a impossibilidade de Ele tentar alguém para o mal (Tiago 1:17). Esta perspectiva serve para ancorar os crentes na certeza da bondade de Deus e no Seu compromisso inabalável em proporcionar-lhes dons perfeitos que conduzam ao crescimento e florescimento espiritual.

1:18 Ele nos gerou pela palavra da verdade, por sua própria vontade, para que fôssemos como que primícias de suas criaturas.

Tiago destaca que o maior presente que Deus concede aos crentes é o dom de uma nova vida em Cristo. Este dom origina-se da iniciativa deliberada de Deus, descrita como "o exercício da Sua vontade", que destaca a Sua escolha soberana de conceder a vida eterna através da Sua revelação especial, muitas vezes referida como "a palavra da verdade" (Tiago 1:18).

A afirmação de Tiago da vida eterna como um dom destaca a sua crença na graça de Deus como fundamento da salvação. Esta perspectiva alinha-se com a teologia paulina, onde a salvação se origina da vontade soberana de Deus (Romanos 4:21-22; 2 Coríntios 4:6). Deus inicia esta dádiva por Sua própria vontade, enfatizando Seu papel como autor e doador da vida.

A metáfora das "primícias" no versículo 18 provavelmente se refere aos crentes que perseveram fielmente através das provações. No antigo Israel, as primícias eram uma oferta especial a Deus, simbolizando excelência e honra. Da mesma forma, aqueles que permanecem firmes na sua fidelidade a Cristo trazem honra e glória a Deus através da sua perseverança.

A mensagem de Tiago nos versículos 17-18 é clara: a intenção de Deus para todas as pessoas, especialmente os crentes, é sempre para a sua bênção e crescimento. Em vez de ver as tentações de se afastarem da vontade de Deus como enviadas pelo céu, Tiago exorta os crentes a reconhecê-las como potenciais obstáculos ao crescimento espiritual. Ao resistir a estas tentações, os crentes fortalecem-se nesta vida e antecipam uma recompensa gloriosa no futuro.

O contraste entre o propósito de Satanás na tentação – trazer à tona o que há de pior na humanidade – e o propósito de Deus – trazer à tona o que há de melhor – é evidente. Satanás procura minar e destruir, enquanto Deus permite provações e tentações para refinar e fortalecer o Seu povo (cf. Jó 1-2).

Tiago fornece uma visão abrangente da origem, do processo e da resolução da tentação, enfatizando o papel de Deus como o doador de todo dom bom e perfeito, especialmente a vida eterna por meio de Cristo. Esta compreensão fundamental prepara o terreno para a discussão subsequente de Tiago sobre a fé . Funciona no capítulo 2, destacando a conexão inseparável entre a fé genuína, a perseverança inabalável e o poder transformador da graça de Deus.

Ouvindo e Praticando a Palavra

Na sua exortação sobre como responder às provações, Tiago enfatiza o papel central da Palavra de Deus. Ele destaca a receptividade, a capacidade de resposta e a resignação à Palavra de Deus, indispensáveis para o crescimento espiritual e a resiliência contra as tentações (cf. Mateus 4:1-11).

Tiago destaca a importância da **receptividade à Palavra** como primeiro passo. Estar aberto e aceitar a Palavra de Deus permite que os crentes recebam orientação e sabedoria divina em meio às provações. Esta receptividade envolve ouvir a Palavra e internalizar as suas verdades e princípios no coração e na mente.

A capacidade de resposta à Palavra decorre naturalmente da receptividade. Implica aplicar ativamente os ensinamentos e mandamentos encontrados nas Escrituras à vida de alguém. Assim como Jesus respondeu a cada tentação no deserto com textos apropriados, Tiago incentivou seus leitores a usar a Palavra de Deus contra o fascínio do pecado e as provações que testam sua fé.

A resignação à Palavra completa o ciclo, enfatizando um compromisso firme de viver de acordo com a Palavra de Deus. Isto envolve entregar a vontade à autoridade de Deus e alinhar as ações e decisões com as verdades reveladas nas Escrituras. Tal resignação reconhece que a Palavra de Deus fornece a orientação e os padrões definitivos para enfrentar provações e desafios.

Ao fundamentar a sua exortação na Palavra de Deus, Tiago destaca o seu poder transformador para equipar os crentes com discernimento espiritual, força e perseverança. Assim como Jesus confiou nas Escrituras para vencer a tentação, Tiago incentiva seus leitores a seguirem o exemplo, sabendo que a Palavra fornece o conhecimento e a força para suportar e crescer através das provações.

1:19 **Saibam disto, meus amados irmãos: que cada pessoa seja pronta para ouvir, lenta para falar, lenta para se irar;**

James destaca a necessidade de seus leitores alinharem suas ações com seu conhecimento, especialmente em resposta às provações. Apesar de ter sido lembrado destes princípios (versículos 17-18), Tiago enfatiza que o mero conhecimento não é suficiente – deve ser acompanhado de ações correspondentes.

Ele começa alertando contra respostas negativas comuns às provações, como reclamação e raiva. Em vez disso, ele aconselha seus leitores a praticarem a moderação: sendo "lento para falar" e "lento para se irar". Esse conselho os incentiva a manter a calma e a evitar reações impulsivas que possam piorar sua situação ou levar ao pecado.

Tiago exorta a escuta ativa e a submissão à Palavra de Deus, defendendo que os crentes devem ser "rápidos em ouvir" as instruções de Deus. Não se trata apenas de ler as Escrituras mecanicamente, mas de ouvir atentamente com um coração receptivo e uma disposição para aplicar seus ensinamentos em suas vidas.

A sabedoria que Tiago transmite ressoa com conselhos práticos encontrados em vários provérbios (cf. Provérbios 10:19; 13:3; 14:29; 15:1; 17:27-28; 29:11, 20) e baseia-se em ditos culturais que destacar a importância de ouvir em vez de falar. Ele invoca a imagem de ter dois ouvidos e uma boca, sugerindo que a comunicação eficaz com Deus e com os outros envolve ouvir mais do que falar.

Tiago desafia seus leitores a incorporar a sabedoria por meio de suas ações em resposta às provações: a conter a língua, controlar as emoções e ouvir ativamente a Palavra de Deus. Esta abordagem promove o crescimento e a maturidade pessoal e promove a harmonia e a comunicação eficaz nos seus relacionamentos.

1:20 **pois a ira do homem não produz a justiça de Deus.**

Tiago enfatiza que responder com raiva às tentações não se alinha com a justiça que Deus deseja cultivar no caráter e na conduta dos crentes. Em vez de permitir que provações e tentações os amargurem, Tiago incentiva seus leitores a encararem os desafios da vida como oportunidades de crescimento e aperfeiçoamento pessoal.

Ele critica uma abordagem equivocada que busca alcançar a justiça através de meios politicamente motivados ou violentos, um tema que ele expande mais tarde em sua carta (4:1-3). Esta condenação reflecte a preocupação mais ampla de Tiago sobre a forma como os crentes enfrentam provações e conflitos, defendendo respostas enraizadas na sabedoria de Deus e caracterizadas pela justiça em vez da raiva ou de estratégias mundanas.

Tiago exorta seus leitores a aceitarem as provações como ferramentas para o refinamento espiritual, promovendo uma mentalidade que busca o crescimento na retidão em vez da amargura em resposta às dificuldades da vida. Esta perspectiva destaca a sabedoria prática e a preocupação pastoral de James com o bem-estar holístico do seu público.

1:21 Portanto, deixem de lado toda imundície e maldade desenfreada e recebam com mansidão a palavra implantada, que pode salvar suas almas.

Tiago usa o termo "impureza" para abranger todas as formas de comportamento impuro que estão fora da vontade de Deus, o que pode incluir manifestações como raiva e ira. Ele também se refere aos "restos de maldade", que são os hábitos e atitudes remanescentes da vida anterior e não redimida (cf. Salmos 17:4; Lucas 6:45). Para os crentes, Tiago aconselha uma aceitação submissa da verdade revelada de Deus ("recebe a palavra com humildade") e uma resposta cooperativa aos Seus mandamentos. Esta atitude receptiva permite que a Palavra de Deus se enraíze profundamente, promovendo o crescimento do caráter e da conduta justa no crente.

A frase "que pode salvar suas almas" gerou alguns debates interpretativos. Alguns sugerem que isso implica uma necessidade de salvação contínua da condenação eterna para os leitores cristãos de Tiago. No entanto, o contexto e o uso de Tiago esclarecem que esta frase não implica perda da salvação ou necessidade de re-salvação após o pecado. Em vez disso, a palavra grega "psique", muitas vezes traduzida como "alma", também pode ser entendida como "vida", referindo-se à pessoa como um todo. Neste sentido, Tiago está enfatizando que a Palavra de Deus é poderosa para preservar e enriquecer a vida espiritual dos crentes, ajudando-os a crescer na fé e na justiça.

Este entendimento se alinha com os ensinamentos mais amplos do Novo Testamento, onde "salvem suas almas" ou "salvem suas vidas" se refere à preservação e ao aprimoramento da vida espiritual de alguém, em vez da salvação inicial do pecado. Assim, Tiago incentiva seus leitores a abraçar a Palavra de Deus com humildade e obediência, sabendo que ela tem o poder transformador para cultivar uma vida frutífera e justa em Cristo.

Tiago enfatiza que, ao obedecer à Palavra de Deus, o crente pode preservar a sua vida – ou seja, toda a sua pessoa – das consequências destrutivas do pecado. Embora a salvação eterna seja garantida através da fé em Cristo, Tiago aborda as consequências práticas do pecado na vida do crente, que pode levar a várias formas de morte, incluindo consequências físicas, como doença ou mesmo morte física prematura (cf. Tiago 1:15; 5:19-20; Provérbios 10:27; 1 João 13:16;

A ideia da morte como consequência do pecado ressoa profundamente na literatura sapiencial do Antigo Testamento, particularmente em Provérbios, onde a relação entre uma vida justa e a vida e a tolice que leva à morte é um tema recorrente. Tiago baseia-se neste contexto para destacar os resultados práticos de obedecer ou desobedecer aos mandamentos de Deus. Para Tiago, a obediência à Palavra de Deus leva à "coroa da vida" (Tiago 1:12), simbolizando vitalidade espiritual e recompensa. Em contraste, a desobediência pode levar a vários resultados prejudiciais, incluindo consequências físicas e espirituais.

A compreensão deste contexto esclarece a ênfase de Tiago nas implicações práticas da fé e da obediência na vida cristã. Destaca a importância de alinhar a conduta com a vontade de Deus para o crescimento e bênção espiritual e evitar as consequências prejudiciais da desobediência. Assim, Tiago incentiva seus leitores a abraçar a sabedoria e a justiça, sabendo que isso leva a uma vida que honra a Deus e evita as armadilhas do pecado e suas repercussões.

1:22 Mas sejam cumpridores da palavra, e não apenas ouvintes, enganando-se a si mesmos.

Tiago 1:19-21 concentra-se em ouvir e receber a Palavra de Deus. Contudo, nos versículos 22-25, Tiago enfatiza o passo crucial de aplicar ou colocar a Palavra em prática.

Tiago declara que meramente ouvir a Palavra de Deus é insuficiente; a verdadeira obediência envolve viver ativamente os mandamentos de Deus, especialmente quando confrontados com tentações que desafiam o compromisso de alguém com a vontade de Deus. Ele adverte contra o autoengano entre os discípulos cristãos que podem acreditar que o mero conhecimento da vontade de Deus é suficiente sem a ação correspondente. Em vez disso, Tiago enfatiza que ouvir e compreender a Palavra de Deus deveria levar naturalmente a uma vida obediente.

Segundo Tiago, a aplicação prática da Palavra de Deus é essencial para a fé genuína e o crescimento espiritual. Ele ilustra isso com a analogia de uma pessoa que olha seu reflexo no espelho e imediatamente esquece sua aparência quando se vira. Da mesma forma, aqueles que ouvem a Palavra, mas não a aplicam às suas vidas, são como indivíduos que vêem o seu reflexo, mas não conseguem abordar quaisquer questões reveladas.

Tiago destaca que a bênção e o benefício não vêm apenas de ouvir ou estudar a Palavra, mas de fazer ativamente o que ela diz. Esta ênfase na obediência prática reflete a mensagem central da sua epístola, encorajando os crentes a integrar a sua fé com as suas ações na vida diária. Para o público original de Tiago, habituado a ouvir as Escrituras lidas em voz alta nas sinagogas, a sua exortação teria ressoado profundamente como um apelo a viver a sua fé de forma autêntica e consistente.

1:23 Porque, se alguém é ouvinte da palavra e não cumpridor, será semelhante a um homem que olha atentamente para o seu rosto natural num espelho. 1:24 Pois ele olha para si mesmo, desaparece e esquece como era.

A ilustração de Tiago nos versículos 23-24, comparando a pessoa que ouve a Palavra, mas não a pratica, com alguém que olha para o seu reflexo num espelho e depois esquece a sua aparência, é de facto simples e amplamente compreendida. O verbo grego " katanoeo " implica uma observação deliberada e atenta, em vez de um olhar rápido ou superficial.

Esta metáfora destaca a importância de uma resposta ponderada e reflexiva à Palavra de Deus. Assim como uma pessoa que olha para um espelho examina cuidadosamente o seu reflexo para discernir quaisquer imperfeições ou ajustes necessários, também os crentes devem aproximar-se cuidadosamente da Palavra de Deus e estar prontos para aplicar os seus ensinamentos. O espelho representa a Palavra de Deus, que revela verdades sobre si mesmo e sobre a vontade de Deus.

O uso de " katanoeo " por Tiago enfatiza a necessidade dos crentes se envolverem profundamente com as Escrituras, e não apenas folhearem sua superfície. Destaca o chamado para estudar atentamente e internalizar a Palavra de Deus, permitindo que suas verdades moldem seus pensamentos, atitudes e ações. Esta abordagem contrasta com a audição ou leitura passiva sem resposta ativa ou obediência.

Em resumo, Tiago emprega a ilustração do espelho para enfatizar a importância do envolvimento intencional e completo com a Palavra de Deus, encorajando os crentes a aplicar diligentemente os seus ensinamentos.

1:25 Mas aquele que olha para a lei perfeita, a lei da liberdade, e persevera, não sendo um ouvinte que esquece, mas um executor que age, será abençoado em seu fazer.

Tiago refere-se à "lei" como a revelação da vontade de Deus para os cristãos encontrada nas Escrituras, muitas vezes descrita como perfeita porque reflete a vontade impecável do próprio Deus (cf. Mateus 5:17). Ao contrário de um espelho de metal defeituoso, esta lei proporciona um reflexo claro e sem distorções da condição espiritual da pessoa.

O termo "lei da liberdade" significa que, ao obedecer à Palavra de Deus, os crentes encontram a libertação genuína do pecado e das suas consequências destrutivas, experimentando assim a verdadeira vida tal como foi pretendida por Deus (Tiago 1:25). Este conceito alinha-se com o ensino de Jesus sobre a liberdade na verdade (João 8:31-32), enfatizando que a adesão à Palavra de Deus não é restritiva, mas antes capacita os crentes a viverem pela sua verdadeira identidade em Cristo.

Tiago concorda com Paulo a respeito da liberdade que os cristãos têm sob a "lei de Cristo", que contrasta com as restrições legalistas da Lei mosaica (Gálatas 5:1; 6:2; 1 Coríntios 9:21). A Epístola de Tiago é profundamente influenciada por esta lei perfeita de Cristo, particularmente pelos princípios articulados no Sermão da Montanha (Mateus 5-7), que servem como um guia fundamental para a vida cristã.

Em resumo, Tiago destaca o poder transformador da Palavra de Deus – a lei perfeita de Cristo – como essencial para os crentes experimentarem as bênçãos de Deus na vida presente e no futuro prometido por Deus (Mateus 5:3-11). Este ensino destaca a importância de ouvir e receber a Palavra de Deus e de obedecê-la ativamente, o que é central na exortação de Tiago ao longo de sua epístola.

1:26 Se alguém pensa que é religioso e não refreia a sua língua, mas engana o seu coração, a religião dessa pessoa é vã.

Tiago introduz o termo "religioso" (gr. threskos) em Tiago 1:26, uma palavra encontrada apenas uma vez no Novo Testamento. Denota alguém que expressa externamente seu temor ou adoração a Deus por meio de observâncias religiosas, como dar esmolas , orar, jejuar e comparecer regularmente a cultos e festas. Estas práticas eram comumente vistas entre os judeus, que constituíam o público principal da epístola de Tiago.

Contudo, James desafia os seus leitores ao afirmar que a verdadeira espiritualidade não é meramente demonstrada por atos religiosos externos. Em vez disso, ele enfatiza a importância de controlar a língua como uma medida mais precisa da maturidade espiritual (Tiago 3:1-12). Esta mudança de enfoque sugere que, embora as práticas religiosas tenham o seu lugar, devem ser acompanhadas por uma genuína transformação do coração e por uma conduta ética.

A crítica de Tiago alinha-se com os ensinamentos de Jesus em Mateus 6:1-18, onde Jesus adverte contra a prática da justiça apenas para reconhecimento público. Em vez disso, Jesus incentiva a sinceridade e a autenticidade na devoção a Deus, enfatizando a disposição interior do coração em detrimento das demonstrações externas de piedade.

O uso de "religioso" por Tiago destaca a tensão entre os atos religiosos exteriores e a transformação interior que deveria acompanhar a fé genuína. Ele exorta os seus leitores a priorizarem uma vida de integridade e autocontrole, particularmente na forma como usam as suas palavras, o que ele mais tarde expõe no seu discurso sobre o poder e a responsabilidade da fala (Tiago 3:1-12).

1:27 A religião pura e imaculada diante de Deus Pai é esta: visitar os órfãos e as viúvas nas suas tribulações e guardar-se isento da corrupção do mundo.

Tiago enfatiza em Tiago 1:27 que a verdadeira religião envolve mais do que atos exteriores de piedade ou observância religiosa. Ele destaca dois aspectos-chave que refletem a espiritualidade genuína: cuidar de indivíduos vulneráveis, como órfãos e viúvas, e manter a pureza moral.

O cuidado dos "órfãos e viúvas" tem um precedente bíblico significativo, refletindo o coração de Deus para os membros marginalizados e vulneráveis da sociedade (Êxodo 22:22-24; Deuteronômio 10:18; Isaías 1:17; Jeremias 5:28; Ezequiel 22: 7; Zacarias 7:10). Significa não apenas ações benevolentes, mas um compromisso mais profundo com a justiça social e a compaixão, alinhando a conduta de alguém com o caráter compassivo de Deus.

Da mesma forma, pureza moral "pura e imaculada" refere-se a viver livre de contaminação moral, tanto em ação quanto em pensamento. Esta pureza não é meramente externa, mas decorre da integridade interior e da devoção sincera aos padrões de Deus (Atos 15:20; 1 Timóteo 5:22). A ênfase de Tiago na pureza destaca a importância de manter um caráter justo que reflita a santidade de Deus.

Ao interpretar Tiago 1:27, torna-se evidente que a religião genuína transcende atos ou rituais religiosos superficiais. Envolve um compromisso holístico de praticar diariamente a verdade de Deus, demonstrando amor para com os outros através da compaixão e mantendo a integridade pessoal diante de Deus e da sociedade. Esta abordagem abrangente da fé alinha-se com os ensinamentos de Jesus, que enfatizam a integração da justiça interna com expressões externas de amor e justiça.

Assim, Tiago exorta os crentes a viverem a sua fé autenticamente, não apenas professando-a com palavras, mas demonstrando-a através de atos de compaixão e retidão moral. Esta aplicação prática da fé é uma expressão tangível do relacionamento da pessoa com Deus. Reflete uma adesão genuína aos princípios do reino de Deus.

No capítulo 1 de Tiago, as questões práticas das provações e tentações servem de pano de fundo para lições espirituais mais profundas que se aplicam amplamente à vida cristã. Tiago usa esses desafios para destacar verdades fundamentais, fundamentais para um compromisso consistente com Deus e obediência à Sua Palavra.

Tiago destaca a importância de responder adequadamente às tentações que nos afastam da vontade de Deus. Em vez de sucumbir a elas, Tiago encoraja os crentes a rejeitarem firmemente estas tentações. Esta resposta não se trata apenas de evitar, mas também de se alegrar nas provações. Esta perspectiva deriva da crença de que Deus usa provações e tentações para amadurecer e fortalecer a nossa fé para a Sua glória.

Ao abraçar esta abordagem, os crentes demonstram um compromisso religioso genuíno que transcende os actos externos de piedade. Envolve uma transformação interior que reflete uma profunda confiança na soberania e na bondade de Deus. Em vez de encarar as provações como obstáculos, Tiago ensina que elas podem ser oportunidades para crescimento e refinamento espiritual.

Portanto, Tiago incentiva os cristãos a manterem uma fé inabalável diante das provações, sabendo que Deus trabalha através desses desafios para aprofundar nosso caráter e fé. Esta atitude fortalece o nosso relacionamento com Deus e testemunha o Seu poder transformador, ilustrando o compromisso genuíno e a obediência à Sua vontade.

Resumo do Capítulo 1

Introdução e saudação (Tiago 1:1): Tiago, identificado como o autor e provavelmente irmão de Jesus, dirige esta carta aos cristãos judeus espalhados pelo exterior, enfatizando a perseverança nas provações.

Alegria nas Provações (Tiago 1:2-4): Tiago começa encorajando os crentes a contarem com alegria ao enfrentarem diversas provações. Ele explica que as provações testam nossa fé, produzindo firmeza, o que leva à maturidade espiritual. Ele encoraja os crentes a permitirem que a firmeza tenha todo o seu efeito para que possam ser perfeitos e completos, sem falta de nada.

Sabedoria nas provações (Tiago 1:5-8): Tiago instrui os crentes a pedirem sabedoria a Deus ao enfrentarem provações, assegurando-lhes que Deus dá generosamente, sem censura. No entanto, ele adverte contra a dúvida, observando que uma pessoa de mente dobre é instável em todos os seus caminhos e não deve esperar receber nada do Senhor.

Ricos e Pobres (Tiago 1:9-11): Tiago dirige-se aos ricos e aos pobres, exortando ambos a encontrarem a sua identidade na sua posição espiritual diante de Deus, e não na sua riqueza ou pobreza. Ele adverte os ricos sobre a natureza transitória da sua riqueza e os pobres sobre a sua dignidade em Cristo.

Perseverança na Tentação (Tiago 1:12-18): Tiago destaca a bem-aventurança daquele que suporta provações, prometendo a coroa da vida àqueles que amam a Deus. Ele esclarece que Deus não tenta ninguém com o mal, mas é o doador de todo bem e dom perfeito. Ele explica como a tentação surge dos nossos próprios desejos, que, quando concebidos, dão origem ao pecado e, por fim, levam à morte.

Ouvir e Fazer (Tiago 1:19-27): Tiago enfatiza a importância de ouvir e praticar a Palavra de Deus. Ele aconselha os crentes a serem rápidos em ouvir, tardios em falar e tardios em irar-se. Ele contrasta a mera audição com a obediência ativa, comparando aqueles que ouvem, mas não o fazem, a alguém que se olha no espelho e esquece seu reflexo. Ele incentiva a religião genuína expressa através do cuidado com os vulneráveis (órfãos e viúvas) e mantendo a pureza pessoal enquanto não é manchado pelo mundo.

Resumo e conclusão: No capítulo 1, Tiago fornece sabedoria prática para enfrentar provações, buscar sabedoria de Deus, compreender a natureza da tentação e viver a fé autêntica por meio de ações obedientes. Ele enfatiza o poder transformador das provações e a importância da firmeza, da sabedoria e da obediência ativa na vida cristã. Tiago prepara o terreno para futuras discussões sobre fé, obras e as implicações práticas de viver a fé na comunidade e na sociedade.

Capítulo 1 Oração

Pai do Céu,

Chegamos diante de você com o coração aberto e humilde, buscando Sua sabedoria e graça em provações e tentações. Como Tiago nos ensinou, a tua Palavra lembra-nos de considerarmos com grande alegria quando enfrentamos várias provações, sabendo que a nossa fé é testada e fortalecida através delas . Senhor, ajude-nos a abraçar essa perspectiva, entendendo que nas provações, Tu estás nos refinando, moldando-nos à imagem de Teu Filho, Jesus Cristo.

Concede-nos, Senhor, a sabedoria de Te pedir quando nos falta compreensão, acreditando que Tu dás generosamente a todos, sem censura. Fortaleça a nossa fé, Pai, para que possamos permanecer firmes e inabaláveis, confiando no Teu plano soberano para as nossas vidas, mesmo em meio às dificuldades.

Guarde nossos corações, Senhor, contra a atração da tentação. Ajude-nos a reconhecer a fonte da tentação e a resistir a ela com o poder do Seu Espírito. Que possamos ser rápidos em ouvir a Tua Palavra, tardios em falar com pressa e tardios em irar-se, refletindo Tua paciência e graça em todas as nossas interações.

Pai, ensina-nos a ser não apenas ouvintes da Tua Palavra, mas também praticantes, demonstrando o Teu amor e verdade em nossas ações para com os outros. Que as nossas vidas sejam marcadas por um cuidado genuíno pelos vulneráveis, órfãos e viúvas, e por um compromisso com a pureza pessoal, permanecendo imaculados pelos valores deste mundo.

Obrigado, Senhor, pela Tua lei perfeita de liberdade que nos guia para a justiça. Fortaleça nossa determinação de viver fielmente de acordo com a Tua Palavra, sabendo que, ao fazê-lo, encontraremos a verdadeira liberdade e Te honraremos em tudo o que fizermos.

Em nome de Jesus, oramos, Amém.

Capítulo 1 Perguntas

Qual é a principal razão pela qual Tiago diz que os crentes devem considerar motivo de grande alegria quando enfrentam várias provações?

Qual é o resultado final de deixar a perseverança terminar seu trabalho?

O que um crente deve fazer se lhe falta sabedoria?

Como um crente deve pedir sabedoria?

O que acontece com uma pessoa que duvida quando pede sabedoria?

Como é descrita uma pessoa que duvida?

Como devem os crentes de circunstâncias humildes encarar a sua situação?

Como devem os ricos encarar a sua situação?

Que analogia Tiago usa para descrever a natureza temporária da riqueza?

O que é prometido àqueles que perseveram sob provação?

O que ninguém deve dizer quando for tentado?

Como ocorre a tentação, segundo Tiago?

Qual é a progressão do pecado descrita em Tiago 1:15?

Sobre o que os crentes não devem ser enganados?

Como Deus escolheu nos dar à luz?

Como os crentes devem responder ao ouvir a Palavra de Deus?

Por que os crentes deveriam se livrar de toda sujeira e maldade moral?

O que Tiago diz sobre apenas ouvir a Palavra?

Como Tiago descreve alguém que ouve a Palavra, mas não faz o que ela diz?

O que é prometido àqueles que olham atentamente para a lei perfeita que dá liberdade e continua nela?

Tiago Capítulo 2:1-26

O pecado da parcialidade

A Epístola de Tiago traça um paralelo significativo entre os ensinamentos de Jesus no Sermão da Montanha e no Sermão da Planície e o comentário prático de Tiago para a igreja. Esse paralelo está no tema e nos elementos estruturais, oferecendo uma rica tapeçaria de aplicações para a vida cotidiana.

Mateus 7 e Tiago 2 compartilham semelhanças impressionantes. Por exemplo, Mateus 7:1-27 enfatiza a proibição contra o julgamento, ilustrada por advertências contra o julgamento hipócrita e a importância de remover as próprias faltas antes de ajudar os outros com as suas. Da mesma forma, Tiago 2:1-26 aborda a questão do favoritismo crítico dentro da igreja, exortando os crentes a não mostrarem parcialidade com base no estatuto social.

Ambas as passagens também enfatizam a importância de tratar os outros como alguém gostaria de ser tratado, encapsulado em Mateus 7:12 e ecoado em Tiago 2:8-11, onde Tiago resume a lei como amar os outros como a si mesmo.

O capítulo 2 de Tiago centra-se particularmente na prática prejudicial da parcialidade e na sua contradição com a fé genuína. Ao mostrar favoritismo, os cristãos deixam de demonstrar amor consistente por todas as pessoas, um tema que Tiago confronta ao longo da sua epístola. Assim como aborda as inconsistências na visualização dos julgamentos (Capítulo 1) e no controle da fala (Capítulo 3), James destaca a inconsistência de mostrar tratamento desigual aos outros no Capítulo 2.

A consistência, enfatiza James, é crucial não apenas na compreensão teológica, mas também na vida cristã prática. Tal como na cozinha, onde a precisão garante um prato de sucesso, na vida cristã, o amor consistente e o tratamento dos outros reflectem a autenticidade da fé e a adesão aos mandamentos de Deus.

A crítica de Tiago à religiosidade hipócrita em Tiago 1:26-27 serve como um catalisador para abordar uma questão generalizada entre os judeus cristãos de seu tempo . Continua relevante hoje: o amor inconsistente pelos outros, evidenciado na forma como os indivíduos são tratados com base no seu estatuto social. Esta inconsistência fundamental levou James a escrever o Capítulo 2, instando o seu público a confrontar esta falha moral e a avançar em direção à maturidade espiritual.

A ligação entre a condenação da discriminação social por parte de Tiago no Capítulo 2 e os seus ensinamentos anteriores no Capítulo 1 é evidente. Favorecer os ricos e ao mesmo tempo mostrar apatia ou desdém pelos pobres é visto por James como as duas faces da mesma moeda moralmente falida. Esses comportamentos contradizem diretamente os padrões da verdadeira religião delineados em Tiago 1:27 e a ordem de amar o próximo como a si mesmo em Tiago 2:8.

O crente, insiste James, deve demonstrar cortesia universal, compaixão e consistência em suas interações com os outros. Isto envolve tratar a todos com equidade, amor e fidelidade – virtudes essenciais que refletem fé genuína e obediência aos mandamentos de Deus.

O propósito de Tiago no Capítulo 2 é desafiar os cristãos a confrontar e retificar o tratamento inconsistente que dispensam aos outros, progredindo assim em direção a uma maturidade espiritual mais profunda, enraizada no amor autêntico e na vida justa.

2:1 Meus irmãos, não mostrem parcialidade ao manterem a fé em nosso Senhor Jesus Cristo, o Senhor da glória.

Tiago aborda a questão do favoritismo pessoal direta e inequivocamente em sua epístola. Ele destaca que mostrar parcialidade, especialmente com base em distinções terrenas como status social, contradiz a adoração de "nosso glorioso Senhor Jesus Cristo" (Mateus 22:16; Atos 10:34). Na presença de Cristo, todas as distinções terrenas desaparecem (Hebreus 1:2-3), enfatizando a inconsistência dos cristãos que praticam o favoritismo.

O uso que James faz do termo "glorioso" ao se dirigir aos seus leitores como "meus irmãos e irmãs" é significativo. Ele destaca seu chamado para que incorporem a bondade fraterna que se alinhe com o caráter de seu glorioso Senhor Jesus Cristo. A referência a "glorioso" provavelmente se baseia no conceito judaico de Shekinah, a presença divina de Deus entre Seu povo, que simboliza a verdadeira glória que deveria guiar a conduta cristã.

Para Tiago, a fé genuína em Cristo deveria eliminar qualquer admiração pela glória superficial do status social. Ele distingue "parcialidade" ou "favoritismo" (grego: prosopolepsia) da justiça genuína, que respeita as pessoas com base no seu valor intrínseco e não em circunstâncias externas. Este conceito é ecoado em Romanos 2:11, Efésios 6:9, Colossenses 3:25 e Atos 10:34, enfatizando o chamado cristão à imparcialidade e justiça em todas as relações.

Tiago desafia os crentes a rejeitarem o fascínio do estatuto social e, em vez disso, demonstrarem um amor semelhante ao de Cristo, que transcende as distinções terrenas, reflectindo a verdadeira glória do seu Senhor Jesus Cristo.

O favoritismo (parcialidade) mostra uma preferência injusta por uma pessoa ou grupo em detrimento de outro, muitas vezes em detrimento deste último. Pode estar enraizado em vários fatores, como preferências pessoais, relacionamentos ou critérios injustos.

Preconceito é formar um julgamento ou opinião sobre alguém ou algo sem conhecimento suficiente, muitas vezes baseado em estereótipos ou noções preconcebidas, em vez de evidências factuais. Isto pode levar a um tratamento injusto ou à hostilidade para com indivíduos ou grupos considerados diferentes.

Preconceito é uma tendência ou inclinação a favor ou contra algo, alguém ou grupo, muitas vezes de uma forma considerada injusta ou injusta. O preconceito pode influenciar decisões, ações ou julgamentos, impactando o tratamento dos indivíduos com base em preferências ou preconceitos pessoais.

A predileção indica uma preferência ou gosto por algo, sugerindo uma predisposição para uma determinada escolha ou grupo. Implica um preconceito ou inclinação positiva em relação a certos indivíduos ou coisas, muitas vezes sem conotações negativas associadas a preconceito ou tratamento injusto.

Cada um destes termos traz implicações sobre a forma como os indivíduos interagem com os outros e tomam decisões, destacando a importância da justiça, da compreensão e da empatia em contextos pessoais e sociais.

2:2 Porque, se entrar na vossa reunião um homem com um anel de ouro e roupas finas, e também entrar um homem pobre com roupas surradas, 2:3 e se vocês prestarem atenção naquele que usa roupas finas e disserem: " Você senta aqui em um bom lugar", enquanto você diz ao pobre homem: "Você fica aí" ou "Sente-se aos meus pés".

Em Tiago 2:2-3, o cenário descrito foi apelidado de "o caso do porteiro míope" por alguns comentaristas. Se James apresentou uma situação hipotética ou relatou um incidente real permanece em debate entre os estudiosos. Contudo, a sua realidade tem pouco significado para a mensagem da passagem.

Tiago ilustra uma cena em que indivíduos participam de uma reunião, possivelmente um culto de adoração ou uma reunião congregacional, onde a parcialidade é evidente. O termo "assembléia" aqui, traduzido do grego "sinagoga", provavelmente se refere às primeiras reuniões cristãs nas sinagogas judaicas, antes que os crentes fossem expulsos pelos seus homólogos judeus incrédulos. Este contexto sugere que Tiago escreveu esta epístola durante os primeiros estágios da história da igreja.

culto público de adoração ou a uma reunião congregacional focada em um assunto judicial. O termo "sinagoga" inicialmente denotava um local de culto público na literatura cristã primitiva. No entanto, os versículos subsequentes sugerem um cenário judicial. No entanto, este debate acadêmico não altera significativamente o significado da passagem.

As primeiras comunidades cristãs muitas vezes eram compostas predominantemente por membros humildes e pobres. Consequentemente, a conversão de um indivíduo rico representava a tentação de elevá-lo como um convertido de prestígio, concedendo-lhe potencialmente favores indevidos. James adverte contra esse favoritismo, alertando contra o tratamento diferente dos ricos devido ao seu estatuto socioeconômico.

Na época de Tiago, um "anel de ouro" simbolizava a participação nos escalões superiores da sociedade romana. No entanto, o uso de James pode não ser tão específico. O oficial encarregado da organização dos assentos na sinagoga, conhecido como chazzan, encaminhava os participantes para seus assentos. Entretanto, o vestuário desempenhou um papel crucial na distinção do estatuto social, com "roupas brilhantes" significando riqueza e prestígio, contrastando com "roupas sujas" denotando pobreza.

Estes detalhes enriquecem a nossa compreensão da crítica de Tiago ao favoritismo dentro da comunidade cristã primitiva, enfatizando a importância da imparcialidade e do cuidado genuíno para com todos os crentes, independentemente da sua posição social ou económica.

2:4 vocês não fizeram distinções entre si e se tornaram juízes com maus pensamentos?

A pergunta retórica de James: "Você não...?" no texto original grego antecipa uma resposta positiva, enfatizando a expectativa de tratamento justo e imparcialidade. No cenário descrito, as ações do porteiro exemplificam dois erros significativos. Em primeiro lugar, ao mostrar favoritismo ou ao fazer distinções com base nos benefícios potenciais que o homem rico poderia trazer à igreja, o porteiro falhou em estender a mesma graça a todos, contrariando a natureza imparcial de Deus. Esta abordagem dualista reflete a hipocrisia, onde o pensamento mundano influencia as decisões que deveriam estar alinhadas com os princípios de Deus (Tiago 1:8).

Em segundo lugar, o julgamento do recepcionista ao acomodar os visitantes revela "maus motivos" subjacentes. Em vez de priorizar a hospitalidade e o cuidado genuíno, o porteiro avaliou-os com base no que a igreja poderia ganhar com eles. Esta perspectiva contrasta fortemente com o mandato bíblico para os cristãos e as igrejas servirem os outros desinteressadamente, em vez de procurarem ganhos pessoais ou institucionais (Marcos 10:45).

A declaração termina com uma poderosa reflexão sobre o preconceito, observando que ele não só prejudica aqueles que estão sujeitos a ele, mas também reflete negativamente no carácter de quem o pratica. Isto está alinhado com os ensinamentos bíblicos que enfatizam o tratamento dos outros com amor e respeito, independentemente do estatuto social ou dos benefícios potenciais que possam trazer (Tiago 2:1-9).

2:5 Ouçam, meus amados irmãos, Deus não escolheu os pobres do mundo para serem ricos na fé e herdeiros do reino que ele prometeu aos que o amam?

Tiago coloca três questões retóricas nestes versículos, cada uma destinada a suscitar uma afirmação positiva, refletindo a estrutura do texto grego. Em Tiago 2:5, ele destaca a escolha deliberada de Deus de que "os pobres deste mundo sejam ricos na fé" e herdem o Seu reino. Esta escolha desafia os cristãos a alinhar as suas ações com os valores de Deus, especialmente no que diz respeito à forma como tratam os economicamente desfavorecidos (Mateus 5:3; Lucas 6:20).

A narrativa bíblica destaca consistentemente a preferência de Deus pelos pobres e humildes em detrimento dos ricos e poderosos (Lucas 1:52; 1 Coríntios 1:26). Esta preferência está enraizada na observação de que os pobres muitas vezes confiam em Deus, confiando Nele mais profundamente para satisfazer as suas necessidades. O "reino" mencionado aqui provavelmente denota o reinado messiânico de Cristo, atualmente estabelecido no céu, onde os crentes participam de Seu governo (Tiago 1:12; Mateus 5:3, 5; Marcos 10:17-22; 1 Coríntios 6:9). -10; Gálatas 5:21;

Existem diferentes interpretações sobre quem constitui precisamente os "herdeiros do reino". Embora alguns entendam isso de forma ampla como todos os crentes que se alinham com Cristo, outros sugerem que se refere especificamente a discípulos fiéis que vivem ativamente a sua fé. Independentemente disso, Tiago enfatiza que a escolha dos pobres por parte de Deus e a sua rica fé realçam os valores do reino, encorajando os cristãos a imitar esta perspectiva nas suas atitudes e acções para com os outros.

2:6 Mas você desonrou o pobre. Não são os ricos os que oprimem vocês e os que os arrastam aos tribunais?

Quando um cristão desonra os pobres, eles contradizem diretamente o tratamento que Deus lhes dá, conforme destacado em passagens como 1 Coríntios 11:22 e 1 Pedro 2:17. Em vez de mostrar favoritismo para com os irmãos crentes, Tiago lembra aos seus leitores que, historicamente, os ricos muitas vezes os oprimiam. Esta opressão pode manifestar-se de várias formas, incluindo maus-tratos físicos ou perseguição legal, como evidenciado em passagens como Marcos 13:9, Atos 4:1-3, Atos 13:50, Atos 16:19 e Atos 19:23-41. .

Tiago enfatiza a inconsistência de estimar os inimigos e desprezar aqueles que pertencem à mesma comunidade cristã. O termo "oprimir" implica maus-tratos graves que podem até levar alguém a ser levado a tribunal injustamente, seja através da força física ou de manobras legais.

Esta perspectiva desafia os cristãos a reflectirem a natureza imparcial e compassiva de Deus nas suas interacções, especialmente para com aqueles que estão em desvantagem económica ou social. Destaca a importância de alinhar as próprias ações com os valores de justiça, misericórdia e amor de Deus, em vez de perpetuar preconceitos e injustiças mundanas.

2:7 Não são eles que blasfemam o nome honroso pelo qual você foi chamado?

Os ricos não só tendem a opor-se aos cristãos, mas também frequentemente blasfemam ou falam com desprezo do próprio Cristo, como era verdade no tempo de Tiago e continua a ser uma realidade hoje. Tiago aponta a inconsistência em dar honra especial àqueles que mostram desrespeito pelo Senhor, a quem os crentes amam e servem profundamente. Blasfemar, de acordo com o termo grego " blasphemeo ", envolve zombar ou falar desrespeitosamente sobre Deus. Isto pode ter sido particularmente prevalente entre os judeus incrédulos durante a era de Tiago (cf. Atos 13:45).

Quando Tiago se refere ao "bom nome pelo qual vocês foram chamados", ele provavelmente se refere ao nome sob o qual os crentes encontram sua identidade e proteção, e não apenas seus nomes pessoais. Isto enfatiza o significado espiritual de alinhar-se com os valores de Cristo, em vez dos padrões mundanos.

Com relação à aparente crítica de Tiago aos ricos nos versículos 6 e 7, é importante notar que ele não tem preconceito contra os ricos como indivíduos, mas está destacando o comportamento de alguns indivíduos ricos para destacar a loucura de dar-lhes tratamento preferencial. Isto está alinhado com os ensinamentos de Jesus de amar até mesmo os nossos inimigos (Mateus 5:44; Lucas 6:27, 35), enfatizando que a imparcialidade e o amor devem guiar a forma como os cristãos interagem com os outros, independentemente do seu estatuto social ou económico.

2:8 Se você cumprir a lei real de acordo com as Escrituras: "Amarás o teu próximo como a ti mesmo", você está indo bem.

A intenção de Tiago não é desencorajar a honra para com os ricos, mas defender um amor e respeito universal para com todos os indivíduos, consistente com o princípio de tratar os outros como gostaríamos de ser tratados (Mateus 7:12; Levítico 19:18).). O termo "lei real", do grego " basilikos ", denota uma lei associada à realeza ou realeza. Neste contexto, refere-se à lei do Rei que reina sobre o reino que os crentes herdam (Tiago 2:5). Esta lei rege todas as relações humanas, superando outras leis relativas à conduta interpessoal (Mateus 22:39; Levítico 19:18).

O epíteto "real" também significa a excelência e nobreza desta lei, indicando que ela reflete uma conduta da mais elevada ordem moral, adequada aos súditos de um rei. Este conceito ressoa com a compreensão da "lex regia" do Império Romano, conhecida pela sua autoridade e universalidade em todo o reino.

Tiago enfatiza que a "lei real" de Cristo substitui as leis ou padrões terrenos, incluindo aqueles ordenados por governantes como César. Portanto, os cristãos são chamados a defender esta lei de amor e igualdade, tratando todos com dignidade e respeito, independentemente do estatuto social ou das distinções mundanas.

2:9 Mas se você mostrar parcialidade, você comete pecado e é legalmente condenado como transgressor.

Neste versículo, Tiago emprega a forma verbal da palavra grega " prosopolepteo ", que ele também usou no versículo 1 desta passagem (2:1-13). A questão que James aborda aqui é a prática de mostrar parcialidade, o que contradiz diretamente a "lei real" que ele discute anteriormente. Esta lei real determina tratar todos os indivíduos com igual respeito e dignidade, sem favorecer alguns em detrimento de outros (Atos 10:34). Tal tratamento preferencial não só viola os princípios de igualdade e justiça inerentes à Palavra de Deus, mas também desconsidera mandamentos específicos que delineiam a vontade de Deus para relacionamentos interpessoais justos e justos (Mateus 7:12; Levítico 19:15).

A passagem destaca o apelo à demonstração de amor consistente, em vez de meros gestos educados de inclusão. Enfatiza que os indivíduos de baixa renda devem ser totalmente abraçados pela comunidade eclesial. As diferenças económicas não devem influenciar a forma como os ministérios são oferecidos; em vez disso, todos, independentemente da situação financeira, merecem discipulado, cuidado pastoral e amor iguais. Esta perspectiva desafia a igreja a priorizar o cuidado espiritual e relacional sobre as considerações materiais, afirmando a dignidade de cada pessoa aos olhos de Deus.

Em última análise, qualquer acto de demonstração de favoritismo mina a lei suprema de amar o próximo como a si mesmo, que engloba todos os princípios que regem as relações humanas. Esta lei abrangente exige que os cristãos defendam a justiça, a equidade e o amor incondicional nas suas interações com os outros, refletindo o caráter de Deus e os valores do Seu reino nas suas vidas diárias.

2:10 **Pois quem guarda toda a lei, mas falha em um ponto, torna-se culpado de tudo.**

James antecipa que alguns de seus leitores podem minimizar a importância de mostrar tratamento preferencial. Portanto, ele ressalta enfaticamente que tais práticas violam a lei de Deus. Alguém se torna culpado sob a lei de Deus ao favorecer certos indivíduos em detrimento de outros. A declaração de Tiago de que "quem guarda toda a lei, mas falha em um ponto, torna-se culpado de tudo" (Tiago 2:10) esclarece que quebrar qualquer parte da lei de Deus constitui uma violação de todo o Seu padrão moral, e não apenas do mandamento específico. violado.

Historicamente, o pensamento judaico frequentemente segmentava a lei em mandamentos isolados, onde obedecer poderia ganhar mérito e desobedecer, incorreria em culpa, semelhante a um livro-razão financeiro. Esta mentalidade persiste hoje tanto entre judeus como entre gentios.

Tiago contraria esta perspectiva afirmando que a obediência à vontade de Deus não pode ser seletiva ou parcial. A lei de Deus forma um todo unificado, expressando Sua vontade completa para Seu povo. Assim como quebrar uma única vidraça de uma janela quebra sua integridade, violar qualquer parte da lei de Deus perturba Sua estrutura moral. Cruzar qualquer fronteira proibida constitui uma transgressão contra a lei, e não apenas um mandamento específico.

Portanto, Tiago enfatiza a natureza holística da lei de Deus e destaca a necessidade de obediência consistente em todos os aspectos da vida. Esta perspectiva desafia os crentes a abraçar a vontade de Deus, reconhecendo que a verdadeira justiça decorre da devoção sincera aos Seus mandamentos, em vez da adesão selectiva baseada na preferência ou conveniência pessoal.

2:11 **Pois aquele que disse: "Não cometa adultério", também disse: "Não mate". Se você não comete adultério, mas assassinato, você se tornou um transgressor da lei.**

Tiago ilustra seu ponto de vista sobre a seriedade da violação da lei de Deus com um cenário hipotético envolvendo duas transgressões extremas: "adultério" e "assassinato". Embora seja verdade que nem todos os pecados acarretam o mesmo nível de consequências – alguns pecados podem resultar em resultados mais graves do que outros – cada pecado, independentemente da sua natureza ou consequências, representa uma violação fundamental da vontade de Deus.

Neste contexto, Tiago destaca a igualdade de todos os pecados em sua natureza como desobediência aos padrões morais de Deus. Adultério e assassinato são usados como exemplos para enfatizar a gravidade de quebrar qualquer parte da lei de Deus. Ambos os atos são condenados nas Escrituras, destacando as graves consequências do fracasso moral e do desrespeito pelos mandamentos de Deus.

O argumento de Tiago é crucial para lembrar aos crentes que nenhum pecado deve ser encarado levianamente, independentemente de quão menor ou maior seja. Cada pecado perturba o relacionamento entre a humanidade e Deus, necessitando de arrependimento e perdão. Esta compreensão encoraja uma abordagem holística da obediência, onde os crentes se esforçam para honrar a vontade de Deus em todos os aspectos da vida, reconhecendo a seriedade de cada falha moral e procurando a restauração através do sacrifício expiatório de Cristo.

2:12 Portanto, fale e aja como aqueles que serão julgados pela lei da liberdade.

"A lei da liberdade", como Tiago se refere a ela (cf. Tiago 1:25), abrange a lei de Deus que traz libertação aos crentes. Este conceito está alinhado com os ensinamentos do apóstolo Paulo de que "foi para a liberdade que Cristo nos libertou" (Gálatas 5:1). Esta liberdade sob a lei de Cristo (1 Coríntios 9:21; Gálatas 6:2) contrasta com as prescrições legalistas da lei mosaica. Embora os crentes desfrutem desta liberdade, eles também devem reconhecer que permanecem responsáveis perante o julgamento de Deus (Romanos 14:10-13; 1 Coríntios 3:12-15; 2 Coríntios 5:10).

Tiago destaca que este julgamento diz respeito principalmente aos crentes e ocorrerá no tribunal de Cristo (2 Coríntios 5:10). Portanto, os crentes são exortados a viver e agir de acordo com este julgamento iminente, especificamente evitando preconceitos ou favoritismo para com os outros. Esta advertência enfatiza a importância de praticar a imparcialidade e de tratar os outros com a mesma graça e respeito que Deus demonstrou por eles.

Embora os cristãos experimentem a libertação das restrições da observância legalista através de Cristo, eles ainda são chamados a viver em alinhamento com os princípios morais de Deus e a preparar-se para o julgamento futuro onde as suas ações e atitudes serão avaliadas. Esta perspectiva encoraja os crentes a viverem de forma responsável, guiados pelo amor, pela justiça e por uma consciência consciente da sua responsabilidade perante Deus.

2:13 Pois o julgamento é sem misericórdia para quem não mostrou misericórdia. A misericórdia triunfa sobre o julgamento.

O julgamento de Deus é imparcial e justo. Ele não mostra favoritismo, mas avalia as ações de cada pessoa de forma justa. Embora os crentes estejam seguros na sua salvação e protegidos da ira de Deus através de Cristo (Romanos 8:1), eles ainda enfrentarão consequências pelas suas ações, especialmente no que diz respeito à forma como tratam os outros. Isto inclui sofrer a perda de recompensa caso se envolvam em favoritismo impiedoso (2 Coríntios 5:10; Mateus 5:7; 6:15; 7:1; 18:23-25).

Por outro lado, mostrar misericórdia e imparcialidade para com os outros reflete o amor de Cristo e está alinhado com os Seus ensinamentos (Mateus 25:34-40). "A misericórdia triunfa sobre o julgamento", como afirma James, enfatizando que o amor deve prevalecer sobre a parcialidade em nossas interações. Os cristãos são chamados a aceitar e tratar uns aos outros com cortesia, compaixão e consistência, espelhando o amor e a aceitação inclusivos de Cristo.

Na sociedade contemporânea, a parcialidade pode surgir devido a vários factores, tais como disparidades económicas, raça, crenças religiosas, filiações políticas, formação educacional e opiniões pessoais. Apesar destes desafios, os cristãos são instados a superar os preconceitos e a estender a compaixão semelhante à de Cristo a todos, independentemente das suas circunstâncias ou pecados. Esta abordagem demonstra o poder transformador do amor de Cristo nas suas vidas. É um testemento de Sua graça e perdão estendido a toda a humanidade.

Portanto, os cristãos são encorajados a imitar o exemplo de Cristo, alcançando com amor e compaixão indivíduos que possam ser considerados excluídos ou aqueles cujos estilos de vida ou escolhas sejam diferentes. Isto reflecte um compromisso genuíno de viver os princípios da fé cristã e permitir que o amor de Cristo guie as suas interacções e relacionamentos com os outros.

A perspectiva de Tiago sobre a Lei mosaica, conforme vista nesta seção de versículos, pode levar a questões sobre como ele via a relação entre os cristãos e a Lei. É importante notar que Tiago não defendeu que os cristãos aderissem a todo o Código Mosaico, como evidenciado pelas suas palavras no Concílio de Jerusalém (Atos 15:13-21). Naquele concílio, foi esclarecido que os crentes gentios não eram obrigados a observar a Lei Mosaica na sua totalidade para a sua salvação.

A Lei Mosaica serviu a dois propósitos: regular a vida dos israelitas e revelar o caráter e os propósitos de Deus a eles e a todos os outros povos. A sua função reguladora cessou com a morte de Jesus na cruz (Romanos 10:4; Hebreus 7:12), pois foi cumprida e substituída pela nova aliança em Cristo. Contudo, o seu valor revelador permanece eterno, pois faz parte de "toda a Escritura", que continua a ser proveitosa para o ensino e a orientação (2 Timóteo 3:16).

Tiago enfatiza que embora a Lei Mosaica, como um corpo codificado de regulamentos, não obrigue mais os cristãos, seus princípios morais e mandamentos que se alinham com o caráter eterno de Deus ainda são aplicáveis. Estas verdades morais duradouras estão agora incluídas na "lei da liberdade" ou "lei de Cristo", que orienta os crentes no cumprimento da vontade de Deus sob a nova aliança. Esta nova lei enfatiza princípios de amor, justiça, misericórdia e fidelidade que transcendem as fronteiras culturais e legalistas, aplicando-se universalmente a todos os crentes.

Portanto, embora comandos específicos da Lei Mosaica possam continuar a informar a conduta cristã sob os princípios da nova aliança, os cristãos não estão sob a própria Lei Mosaica. Em vez disso, são chamados a viver sob os princípios libertadores do evangelho, guiados pelos ensinamentos de Jesus e dos apóstolos, que sustentam as verdades morais intemporais reveladas nas Escrituras.

A fé sem obras é morta

Algumas interpretações veem esta seção de Tiago como uma mudança de foco da questão da parcialidade discutida anteriormente (vv. 1-13) para um novo tópico: a relação entre fé e obras. No entanto, outros, inclusive eu, veem uma conexão mais profunda entre essas seções, semelhante à relação entre Tiago 1:19-27 e 1:2-18. Assim como a passagem anterior tratou de uma questão fundamental subjacente a problemas práticos, esta seção expande as implicações da fé genuína em Cristo, que Tiago introduziu no versículo 1 como incompatível com a demonstração de parcialidade (prosopolempsia).

Aqui, Tiago investiga a natureza e o significado da fé em Jesus Cristo, que ele afirma ser incompatível com mostrar favoritismo (Tiago 2:1). Seu argumento centra-se na autenticidade e alerta contra o autoengano superficial. O tema mais amplo é, portanto, sobre a vitalidade e autenticidade da fé em Deus. James usa a questão do favoritismo para provocar introspecção entre seus leitores: eles estão realmente vivendo sua fé e aplicando suas crenças em sua conduta? O tratamento parcial que dispensam aos outros serve como um teste decisivo para a sinceridade e profundidade da sua fé.

Tiago contrasta a mera profissão verbal de fé com a demonstração ativa dessa fé através de obras. Ele destaca que a genuína maturidade cristã envolve suportar as provações com paciência (conforme discutido em Tiago 1) e viver a verdade da Palavra de Deus. Portanto, o tema desta seção é professar crenças e praticar ativamente e incorporar essas crenças na vida diária. Simplesmente ouvir e discutir a Palavra de Deus é insuficiente; a verdadeira fé necessita de ação obediente e alinhamento com a vontade de Deus.

Em resumo, Tiago usa a questão do favoritismo para desafiar o seu público a avaliar a autenticidade e as implicações práticas da sua fé. Esta secção destaca a ligação inseparável entre a fé genuína em Cristo e a expressão externa dessa fé através de ações e atitudes justas.

A interpretação de Tiago 2:14-26 gerou debate entre os teólogos, principalmente sobre se Tiago se dirige aos crentes ou aos incrédulos em sua discussão sobre fé e obras. Vamos explorar cada uma das três interpretações principais:

Perda da Salvação (Visão Arminiana) : Alguns interpretam esses versículos como descrevendo um crente que perdeu a salvação porque não exibe mais obras que demonstrem fé genuína. De acordo com esta visão, a fé salvadora genuína é evidenciada por uma vida de boas obras. Aqueles que defendem esta visão geralmente acreditam que uma pessoa pode perder a salvação se não continuar a viver em fé e obediência.

Assentimento Intelectual (Incrédulo Fingindo ser um Crente) : Outra interpretação postula que Tiago está descrevendo alguém que professa ser cristão, mas possui apenas consentimento intelectual ao evangelho sem fé salvadora genuína. A fé desta pessoa é superficial e carece do poder transformador que resulta numa vida caracterizada por boas obras. Os defensores desta visão argumentam que Tiago contrasta a fé verdadeira e salvadora que produz obras com uma fé falsa e superficial que não o faz.

Crente Vivendo Inconsistentemente (Crente Não Vivendo pela Fé) : A terceira interpretação sugere que Tiago se dirige a crentes genuínos que, embora possuam a verdadeira fé salvadora, podem não viver consistentemente sua fé em suas ações. Esta visão enfatiza a necessidade dos crentes alinharem a sua conduta com as suas crenças e demonstrarem a sua fé através de ações obedientes e de uma vida justa.

Examinar cuidadosamente a passagem é essencial para discernir qual interpretação se alinha mais de perto com a intenção de Tiago. Tiago argumenta que a fé sem obras está morta (Tiago 2:17, 26), enfatizando que a verdadeira fé resulta naturalmente em ações que refletem a obra transformadora de Deus na vida do crente. Ele usa exemplos como Abraão e Raabe para ilustrar como a fé genuína se manifesta na obediência e nas obras justas (Tiago 2:21-25).

Em última análise, o contexto e a linguagem de Tiago sugerem que ele se dirige àqueles que professam ter fé, mas não a demonstram através das suas ações. Ele desafia os seus leitores a avaliar a autenticidade da sua fé, examinando se ela produz frutos na forma de uma vida justa e de boas obras.

Embora o debate continue entre estudiosos e teólogos, compreender a preocupação principal de Tiago – a fé genuína evidenciada por uma vida de obediência e obras – ajuda a esclarecer a interpretação que melhor se adapta ao contexto da passagem.

2:14 **Meus irmãos, de que adianta alguém dizer que tem fé, mas não tem obras? aquela fé pode salvá-lo?**

Tiago aborda uma questão teológica crucial em Tiago 2:14-26 a respeito da relação entre fé. Ele trabalha e explica como elas se manifestam na vida de um crente. Existem três interpretações principais entre os teólogos sobre a quem Tiago se dirige e o que ele pretende transmitir:

Interpretação Arminiana : De acordo com esta visão, se uma pessoa afirma ser cristã, mas não mostra nenhuma evidência de fé genuína através do seu estilo de vida - particularmente através de boas obras - ela pode nunca ter sido verdadeiramente salva ou ter perdido a sua salvação. Esta interpretação reflete a crença de que a fé salvadora genuína é evidenciada por uma vida transformada caracterizada pela obediência a Deus.

Interpretação Reformada : A perspectiva reformada, como mencionado, postula que se uma pessoa professa ser cristã, mas não mostra nenhuma evidência de verdadeira fé em suas ações, ela nunca foi genuinamente salva, para começar. Este ponto de vista enfatiza que a verdadeira fé resulta necessariamente numa vida transformada pela graça de Deus, manifestando-se em obras justas e obediência.

Crente Vivendo Inconsistentemente : A terceira interpretação reconhece que uma pessoa que afirma ser cristã, mas não tem evidências de verdadeira fé em seu estilo de vida, pode não ser genuinamente salva ou talvez ser um crente que não vive pela sua fé. Esta visão permite a possibilidade de que os crentes genuínos possam lutar contra a inconsistência. Ainda assim, destaca a importância de alinhar a conduta com a fé professada.

No versículo 14: "Poderá esse tipo de fé salvá-lo?" (WEB), o questionamento de Tiago utiliza uma construção grega que espera uma resposta negativa. Esta construção é encontrada em Tiago e 1 Coríntios 13:4, enfatizando que a fé desprovida de obras que a acompanham é insuficiente para a salvação. Tiago argumenta que a verdadeira fé, evidenciada por ações alinhadas com a vontade de Deus, salva genuinamente uma pessoa.

A ênfase de Tiago nas obras como fruto da fé genuína ecoa os ensinamentos de Jesus e outros escritos do Novo Testamento que enfatizam a necessidade da fé produzir resultados visíveis e tangíveis na vida de um crente (Mateus

7:16-20; Efésios 2:8-10). As obras não são o meio de ganhar a salvação, mas são o resultado natural e a evidência de um coração transformado e de uma fé genuína em Cristo.

Embora as interpretações possam variar, Tiago destaca a ligação inseparável entre a fé genuína e uma vida de obediência e boas obras. Isto está alinhado com os ensinamentos bíblicos mais amplos sobre a salvação e o poder transformador da fé em Cristo.

A aparente contradição entre a ênfase de Paulo na fé separada das obras para a salvação (Efésios 2:8-9; Romanos 11:6) e a afirmação de Tiago de que a fé sem obras é morta (Tiago 2:17) tem sido um ponto de discussão teológica durante séculos. . Contudo, a compreensão dos seus respectivos contextos e ênfases esclarece que Paulo e Tiago abordam aspectos complementares da fé cristã em vez de doutrinas opostas.

Ênfase de Paulo : Paulo enfatiza que a salvação é pela graça, por meio somente da fé, independentemente das obras (Efésios 2:8-9). Ele argumenta que ninguém pode ganhar a salvação através dos seus próprios esforços; é um dom de Deus recebido pela fé. Isto destaca a verdade fundamental de que a salvação é iniciada e assegurada pela graça de Deus, e não pelo mérito humano (Romanos 11:6).

Ênfase de Tiago : por outro lado, Tiago enfatiza a ligação inseparável entre a fé genuína e uma vida transformada caracterizada por boas obras. Ele argumenta que a verdadeira fé produz frutos naturalmente através de ações justas e da obediência aos mandamentos de Deus (Tiago 2:18, 26). Para Tiago, a fé sem obras está morta, o que significa que carece de evidências de uma fé salvadora genuína.

O aparente conflito surge de diferentes ênfases e contextos teológicos:

Contexto de Paulo : Paulo aborda o ato inicial da salvação – ser justificado diante de Deus somente pela fé em Cristo, independentemente das obras da lei (Romanos 3:28; Gálatas 2:16). Ele enfatiza que a salvação é uma dádiva gratuita , não algo conquistado por meio de ações.

Contexto de Tiago : Tiago aborda a demonstração e validação contínua da fé através de uma vida de obediência e boas obras. Ele desafia os crentes a viverem ativamente a sua fé, mostrando que ela é genuína e transformadora.

A citação: "Paulo e Tiago não ficam frente a frente, lutando um contra o outro, mas ficam costas com costas , lutando contra inimigos opostos", ilustra que Paulo e Tiago estão abordando diferentes aspectos da vida cristã – a salvação inicial pela graça através de fé (Paulo) e a demonstração contínua de fé através de obras (Tiago).

O próprio Jesus enfatizou a necessidade do discipulado e da obediência como evidência da verdadeira fé (Mateus 7:21; João 14:15). Ele usou uma linguagem forte para destacar que a fé genuína produz uma vida comprometida em segui-Lo e viver de acordo com Seus ensinamentos (Mateus 16:24-26; Lucas 9:23-25).

Embora Paulo e Tiago abordem o tema da fé e das obras de ângulos diferentes, seus ensinamentos são complementares e não contraditórios. Paulo enfatiza que a salvação é pela graça somente por meio da fé. Em contraste, Tiago enfatiza que a verdadeira fé resulta numa vida de obediência e boas obras. Juntos, os seus ensinamentos proporcionam uma visão holística da vida cristã: salvos pela graça através da fé e transformados para viver em obediência à vontade de Deus.

A discussão de Tiago no versículo 14 e seguintes sobre fé e obras aborda aspectos cruciais da vida cristã e da compreensão da salvação. Aqui está uma análise dos pontos-chave e interpretações:

Fé e Obediência : Tiago destaca que a fé genuína em Cristo deve ser acompanhada de obediência e boas obras. Ele usa a analogia de que a fé sem obras é como um corpo sem espírito – está morto e incapaz de cumprir o propósito pretendido (Tiago 2:26).

Consequências da Fé sem Obras : Tiago adverte que a fé ortodoxa, sem a obediência correspondente expressa em boas obras, não pode proteger um cristão das consequências do pecado nesta vida. Estas consequências podem incluir a perda da comunhão com Deus e, em casos extremos, a morte física (Tiago 5:20; 1 João 5:16). Ele enfatiza que a fé por si só não isenta os crentes da disciplina ou correção de Deus (Hebreus 12:6).

Interpretando a "Salvação" : Muitos comentaristas interpretam as referências de Tiago à salvação como referindo-se principalmente à libertação ou resgate das consequências temporais, em vez da condenação eterna. A palavra grega para salvação, " soteria ", no seu uso bíblico, muitas vezes refere-se a um conceito mais amplo de resgate, preservação ou totalidade em vários contextos. Apenas uma pequena porcentagem dos usos de "salvar" ou "salvação" no Antigo Testamento está diretamente relacionada à salvação eterna (cerca de 7,1%).

Compreensão contextual : Compreender o uso de "salvação" por Tiago requer sensibilidade contextual. Ele aborda o resultado prático da fé na vida cotidiana, em vez do conceito teológico de justificação diante de Deus. Tiago está preocupado em como a fé transforma o comportamento e impacta a comunidade cristã, enfatizando a necessidade das obras como evidência de fé genuína (Tiago 2:18).

Graça e Obras : É crucial conciliar a ênfase de Tiago nas obras com o ensino de Paulo sobre a justificação pela fé, independentemente das obras da lei (Efésios 2:8-9). Paulo enfatiza que a salvação da condenação eterna é um dom da graça de Deus recebida somente através da fé. Tiago complementa destacando que a verdadeira fé, embora não dependa de obras para a justificação inicial, inevitavelmente produz obras como fruto natural (Tiago 2:22).

Em resumo, a discussão de Tiago sobre a fé e as obras destaca a natureza holística da vida cristã, onde a fé genuína é evidenciada por ações obedientes e boas obras. Embora a salvação da condenação eterna seja unicamente pela graça de Deus através da fé, Tiago enfatiza que uma fé que carece de expressão prática através de obras é incompleta e ineficaz no cumprimento dos propósitos de Deus para os crentes. Assim, a fé e as obras desempenham um papel integral na jornada de discipulado e obediência do cristão.

2:15 Se um irmão ou uma irmã estiver mal vestido e carente de alimento diário, **2:16** e um de vocês lhe disser: "Vá em paz, aqueça-se e sacie-se", sem lhe dar as coisas necessárias para o corpo, que bom é isso?

Nos versículos 15-17, Tiago continua a ilustrar seu ponto de vista sobre fé e obras com um exemplo concreto. Ele pinta um cenário que provavelmente ressoou com o seu público em Jerusalém, onde muitos crentes enfrentavam a pobreza (Romanos 15:25-31; 1 Coríntios 16:3). Todos os indivíduos nesta ilustração são identificados como cristãos genuínos, enfatizando a sua fé partilhada.

A situação que Tiago descreve destaca a inconsistência de reivindicar uma fé vital – ou seja, colocar ativamente a fé em prática – enquanto falha em demonstrar isso através de ações (obras) correspondentes. Isto se alinha com o ensino do apóstolo João de que o amor genuíno envolve ações tangíveis, não apenas palavras (1 João 3:17-18).

James emprega imagens vívidas para deixar claro seu ponto de vista: imagine alguém afirmando ter fé e abençoando verbalmente um irmão cristão que está em extrema necessidade, dizendo: "Vá em paz, seja aquecido e satisfeito", mas depois não oferece nenhuma ajuda prática, como fornecer roupas ou comida. James questiona retoricamente a eficácia de meras palavras sem ações correspondentes. Ele ilustra que tal fé sem obras é tão ineficaz como uma bênção verbal para salvar a vida de uma pessoa faminta – apenas a provisão real de alimentos pode satisfazer a necessidade imediata.

Uma paráfrase escrita por um erudito grego capta a intenção de Tiago nestes versículos: Se alguém afirma ter fé, mas não age de acordo com ela, essa fé pode preservar sua vida? Tiago enfatiza que a fé, quando não acompanhada de obras, está essencialmente morta, carecendo do poder vivificante que deveria manifestar-se nas ações do crente para com os outros necessitados.

Tiago usa este exemplo para destacar que a verdadeira fé produz naturalmente obras de compaixão e obediência à Palavra de Deus. Nos seus ensinamentos, a fé e as obras são aspectos inseparáveis da autêntica vida cristã, reflectindo o amor e o cuidado de Deus pelos outros de formas práticas e tangíveis.

2:17 Assim, a fé por si só, se não tiver obras, está morta.

O ensino de Tiago sobre a fé e as obras, particularmente nos versículos 15-17, esclarece que ele não está sugerindo que a falta de obras implique uma ausência total de fé ou uma perda da vida eterna. Em vez disso, ele enfatiza que a fé sem ações correspondentes – o que ele chama de "obras" – é essencialmente inativa e ineficaz.

Tiago ilustra isto com exemplos práticos: se alguém afirma ter fé, mas não age para satisfazer as necessidades físicas imediatas de um irmão crente que está desamparado, a sua fé, embora professada, permanece adormecida e improdutiva. Ele usa o termo "morto" para descrever vividamente tal fé – não no sentido de inexistência, mas em termos de ser inativo, desprovido de vitalidade e, portanto, incapaz de cumprir o propósito pretendido.

A analogia da fé sem as obras estarem "mortas" é significativa. Destaca a preocupação central de Tiago: a fé genuína produz naturalmente ações que se alinham com a vontade de Deus e demonstram o Seu amor aos outros. Apenas expressar simpatia ou acordo sem ações tangíveis para apoiar essas crenças fica aquém da obediência ativa que James defende.

A escolha de "morto" feita por Tiago ressoa com o tema bíblico mais amplo da vida e da morte. Ele se baseia na sabedoria de Provérbios, onde a justiça leva à vida, mas perseguir o mal leva à morte (Provérbios 11:19). Para Tiago, a questão não é a salvação da condenação eterna, mas a vitalidade da fé na vida cristã prática. Pode a fé que não produz obras salvar alguém das consequências de negligenciar a obediência aos mandamentos de Deus e o atendimento às necessidades dos outros? A sua pergunta retórica aponta para a resposta evidente: a fé inativa não pode.

O uso de "morto" por Tiago para descrever a fé sem obras destaca a urgência e a praticidade da fé cristã. Desafia os crentes a irem além da mera profissão e a viverem ativamente a sua fé através de ações compassivas e obediência à Palavra de Deus. Esta perspectiva destaca a relação dinâmica entre fé e obras no autêntico discipulado cristão.

2:18 Alguém dirá: "Você tem fé e eu tenho obras". Mostre-me a sua fé sem as obras, e eu lhe mostrarei a minha fé pelas minhas obras.

Em Tiago 2:18, o uso de uma diatribe – um artifício retórico onde uma objeção é levantada e respondida – é evidente. O objetor apresenta um ponto de vista que desafia a afirmação de Tiago sobre a relação entre fé e obras. A interpretação de quem diz o quê neste versículo pode variar dependendo das escolhas de tradução e pontuação.

Usando aspas, a NVI atribui apenas a primeira parte do versículo ("Tu tens fé; eu tenho obras") ao objetor, o que implica que Tiago responde a esta afirmação na última parte. Por outro lado, a NASB inclui o versículo inteiro como a declaração do objetor, sugerindo uma objeção contínua antes de Tiago oferecer sua refutação.

Dado que o texto original grego não incluía sinais de pontuação, determinar a divisão exata entre a declaração do objetor e a resposta de Tiago depende de pistas contextuais e de fluxo lógico. A intenção do objetor parece argumentativa, em vez de meramente fazer uma declaração, influenciando a forma como entendemos onde termina a sua objeção e começa a resposta de James.

Neste contexto, muitos estudiosos e comentaristas consideram sensato o alinhamento com a pontuação da NASB, onde o versículo inteiro é atribuído ao objetor. Esta interpretação mantém um fluxo coerente de argumento, onde o objetor desafia a tese de James. Tiago então fornece uma resposta detalhada nos versículos 19-23, abordando a relação entre fé, obras e sua inseparabilidade na vida cristã autêntica.

Portanto, embora possa haver diferentes abordagens para pontuar e interpretar este versículo, a preferência por compreender a objeção do objetor em sua totalidade, como na NASB, ajuda a manter a clareza e a coerência no argumento de Tiago sobre a conexão necessária entre a fé e as obras no cristianismo. vida.

A objeção levantada pelo objetor hipotético em Tiago 2:18 desafia a noção de que as boas obras são a evidência necessária da fé salvadora. Este ponto de vista sugere que, embora as boas obras sejam de facto uma manifestação de fé genuína, não são elas que alguém prova a sua salvação. O argumento do objetor implica que não se pode demonstrar fé sem obras. Por outro lado, as obras são a prova visível da fé.

Esta perspectiva alinha-se com os ensinamentos de certos círculos evangélicos, onde as boas obras são vistas como indicadores essenciais da salvação e da santificação contínua de uma pessoa. De acordo com esta visão, se uma pessoa não exibe boas obras, isso põe em causa a autenticidade da sua fé e, portanto, a sua salvação. Esta posição procura enfatizar o poder transformador da fé na produção de uma vida marcada pela justiça e obediência aos mandamentos de Deus.

Contudo, a objeção levantada em Tiago 2:18 também levanta uma questão crítica: se as boas obras são de fato a evidência necessária da fé salvadora, então por que Jesus ensinou que alguns que estão Nele podem não dar frutos (João 15:2, 6).)? Esta referência ao ensino de Jesus no Evangelho de João destaca uma tensão na interpretação da relação entre fé, obras e segurança da salvação.

Historicamente, alguns membros da tradição reformada, particularmente depois do tempo de João Calvino, popularizaram a ideia de que a evidência da santificação deve estar presente antes que um crente possa ter plena certeza da sua justificação. Esta perspectiva, contudo, diverge dos ensinamentos originais de João Calvino sobre fé e segurança. Figuras como Theodore Beza em Genebra e William Perkins na Inglaterra moldaram significativamente este afastamento da doutrina de Calvino.

Em resumo, embora as boas obras sejam reconhecidas como manifestações cruciais da fé genuína, as implicações teológicas do seu papel na demonstração da salvação continuam a ser debatidas nas diferentes tradições cristãs. A objeção levantada em Tiago 2:18 desafia visões simplificadas sobre a fé e as obras, instando a uma reflexão mais profunda sobre como estes conceitos interagem dentro da estrutura da crença e da prática cristã.

A garantia da salvação para os cristãos está fundamentalmente enraizada nas promessas de Deus encontradas nas Escrituras (João 1:12; 3:16, 36; 5:24; 6:47; 10:27-29; 20:31, etc.). Não se baseia principalmente na presença ou ausência de boas obras (frutos) nas suas vidas. Jesus ensinou que alguns ramos ligados a Ele, representando os crentes, podem não dar frutos (Mateus 13:22; Marcos 4:7; Lucas 8:14; João 15:2, 6), mas permanecem ligados a Ele e compartilham a vida que Ele oferece.

Todo crente genuíno experimenta uma transformação interior significativa ao confiar em Jesus Cristo como Salvador (Gálatas 2:20; Romanos 6:13; Efésios 5:8; Colossenses 1:13, etc.). Esta transformação, no entanto, não garante necessariamente mudanças externas imediatas ou consistentes no comportamento. As Escrituras não afirmam que todo crente exibirá inevitavelmente sinais externos de transformação; antes, tais mudanças dependem da sua capacidade de resposta à vontade de Deus e à obra do Espírito Santo.

Como diz uma ilustração, uma árvore demonstra sua vida por dar frutos, mas ela estava viva antes de produzir frutos ou folhas. Da mesma forma, embora as obras sejam necessárias para demonstrar fé aos outros (Tiago 2:18), elas não servem como base para a nossa justificação judicial diante de Deus (Romanos 8:33), que é merecida somente através de Cristo (Isaías 53: 11) e recebido pela fé (Romanos 5:1).

O conceito de "cristãos carnais" (1 Coríntios 3:1-4) refere-se aos crentes que satisfazem os seus desejos carnais em vez de ceder ao controle do Espírito Santo. Embora os frutos sejam um indicador externo da vida interior, os cristãos genuínos podem produzir pouca ou nenhuma evidência externa de sua transformação espiritual, assim como algumas árvores frutíferas produzem poucos ou nenhum fruto. O Espírito Santo normalmente produz transformação interna e externa nos crentes, a menos que seja impedido pela resistência do crente (1 Tessalonicenses 5:19; Efésios 4:30).

Embora se espere que as boas obras acompanhem a fé genuína e sejam evidência de uma vida transformada, elas não são a base para a salvação , mas sim o resultado natural de uma vida entregue a Cristo e capacitada pelo Espírito Santo. Assim, a certeza da salvação repousa seguramente nas promessas de Deus e na obra transformadora de Cristo, e não na evidência flutuante de obras na vida de um crente.

2:19 Você acredita que Deus é um; você faz bem. Até os demônios acreditam – e estremecem!

Tiago rebate o argumento apresentado pelo objetor no versículo 18 usando o exemplo dos demônios para ilustrar seu ponto de vista. Ele destaca que a fé genuína não se traduz automaticamente em boas obras. Ao contrário dos humanos, os demônios possuem conhecimento e crença nas verdades sobre Deus – eles reconhecem que Ele é soberano e que Suas revelações são verdadeiras, como a declaração no Shemá: "Deus é um" (Deuteronômio 6:4). Apesar desta compreensão correta, os demônios persistem em suas ações e comportamentos malignos, sabendo muito bem as consequências que os aguardam. A sua resposta a este conhecimento é medo e tremor, antecipando o julgamento que os espera.

Tiago escolhe deliberadamente os demônios como exemplo, não porque eles sejam capazes de salvação – eles estão irremediavelmente perdidos – mas porque ilustram vividamente a desconexão entre a crença correta e o comportamento desobediente. Tiago se dirige aos cristãos genuínos (conforme indicado por termos como "irmãos e irmãs" em vários versículos) ao longo de sua epístola, incluindo aqueles que, como os demônios, podem conhecer a verdade intelectualmente, mas não conseguem alinhar suas ações com suas crenças.

Esta analogia serve para destacar o argumento de Tiago de que a fé, se genuína, deveria naturalmente produzir obras correspondentes (Tiago 2:18). Ele adverte que os cristãos, como os demônios, podem persistir na desobediência apesar do conhecimento da vontade de Deus e da certeza do julgamento futuro (2 Coríntios 5:10). Assim, Tiago encoraja os crentes a examinarem a sua fé não apenas em termos de crença intelectual, mas também em como ela molda as suas ações e obediência à Palavra de Deus.

Tiago usa a ilustração dos demônios não para abordar a questão de como alguém é regenerado ou salvo, mas para enfatizar um ponto diferente sobre a relação entre crença e comportamento. Ao contrário dos humanos, que podem ser regenerados pela fé em Cristo, os demônios servem como um exemplo claro de seres que possuem conhecimento e crença corretos sobre as verdades de Deus, como Sua soberania e unidade (refletida no Shemá). No entanto, o comportamento deles permanece em oposição direta à Sua vontade. Esta desconexão entre crença e comportamento é o cerne do argumento de Tiago ao longo de sua epístola.

O objetivo de Tiago ao usar demônios como ilustração não é argumentar contra a suficiência do consentimento intelectual ao evangelho para a salvação. Em vez disso, ele ilustra que mesmo a crença correta não se traduz necessariamente em ações obedientes. Este tema se alinha com outras passagens de Tiago, onde ele critica práticas religiosas vazias que carecem de uma conduta justa correspondente (Tiago 1:26-27; 4:17).

A referência de Tiago ao que os demônios acreditam não é equiparada à mensagem completa do evangelho necessária para a salvação. Em vez disso, ele concentra-se nas implicações morais e éticas da crença – especificamente, que a fé genuína deve resultar numa vida transformada que obedece à vontade de Deus. Isto se alinha com a sua preocupação mais ampla com o resultado prático da fé na vida dos crentes.

Com relação ao ponto textual no versículo 19, alguns estudiosos sugerem que o objetor também continua falando neste versículo. Isto é apoiado por variações em manuscritos gregos antigos onde a palavra "por" (ek) aparece em vez de "sem" (choris). Contudo, a maioria dos estudiosos sustenta que "sem" (choris) é a leitura correta e que o próprio Tiago retoma a fala no versículo 19 para responder ao argumento do objetor.

Em resumo, Tiago usa o exemplo dos demônios não para discutir a natureza da salvação, mas para enfatizar a ligação crucial entre a fé genuína e o correspondente comportamento justo. Ele desafia os crentes a garantir que a sua fé não seja meramente um consentimento intelectual, mas seja demonstrada através da obediência e de uma vida justa.

2:20 Você quer que lhe mostrem, seu tolo, que a fé sem obras é inútil?

Tiago repreende veementemente o argumento do objetor como "tolo", enfatizando que a fé sem o acompanhamento de boas obras não é apenas inativa ou ociosa, mas efetivamente inútil. O termo grego que ele usa, " argos ", transmite a ideia de estar ocioso, ineficaz ou desempregado, semelhante à descrição de um órgão do corpo que não funciona (Mateus 20:3, 6).

Para ilustrar melhor o seu ponto de vista, Tiago compara um cristão que não tem trabalho a alguém com um órgão que não funciona. Assim como tal órgão está morto e não serve para nada no corpo, também a fé sem obras é morta e inútil na vida de um crente. James destaca que este tipo de fé inativa não só falha em cumprir o propósito pretendido, mas também contribui para a estagnação espiritual e pode levar a consequências prejudiciais, semelhantes à forma como um órgão morto pode afetar a saúde física.

Nos versículos 21 a 23, Tiago explica claramente o que ele quer dizer com "inutilidade" da fé sem obras. Ao longo de sua epístola, ele enfatiza consistentemente que está abordando a ineficácia da fé quando ela não é acompanhada de ações correspondentes, em vez de questionar a existência da própria fé na ausência de obras (Tiago 1:26; 2:14, 16, 20). .

Tiago se concentra em desafiar os crentes a viverem sua fé de forma ativa e prática, demonstrando o poder transformador da verdadeira fé por meio de ações justas e da obediência à Palavra de Deus. Seus ensinamentos enfatizam que a fé genuína produz naturalmente boas obras, refletindo uma vida transformada pela graça de Deus e ativamente engajada em Seus propósitos.

2:21 Não foi Abraão, nosso pai, justificado pelas obras, quando ofereceu sobre o altar seu filho Isaque?

A aparente contradição entre a declaração de Tiago sobre Abraão ser justificado pelas obras (Tiago 2:21) e o ensino de Paulo de que Abraão foi justificado pela fé (Gênesis 15:6; Romanos 4:1-5) gira em torno da compreensão do termo "justificado". Biblicamente, ser justificado significa ser declarado justo à vista da lei, e não ser justificado em sua conduta (Êxodo 23:7; Deuteronômio 25:1; 1 Reis 8:32).

A justificação de Abraão em Gênesis 15:6, quando Deus o declarou justo por causa de sua fé na promessa de Deus, marca sua declaração inicial de justiça diante de Deus. Este evento é frequentemente entendido como o "novo nascimento" ou regeneração espiritual de Abraão, um conceito paralelo ao Novo Testamento (Gênesis 15:6).

Tiago, escrevendo em Tiago 2:21, discute um aspecto diferente da vida de Abraão, referenciando especificamente Gênesis 22, onde a fé de Abraão foi demonstrada através de sua disposição de oferecer Isaque, seu filho, como sacrifício. Tiago argumenta que a fé de Abraão foi validada e completada através da sua obediência e obras, mostrando que a fé genuína produz naturalmente ações que se alinham com a vontade de Deus.

É crucial notar que Tiago e Paulo não se contradizem, mas abordam diferentes dimensões da justificação. Tiago enfatiza que a verdadeira fé é evidenciada por ações. Ao mesmo tempo, Paulo concentra-se na verdade fundamental de que somos inicialmente justificados (declarados justos) somente pela fé, independentemente das obras (Romanos 3:28; Efésios 2:8-9).

Uma vez justificados pela fé, os crentes mantêm a sua posição justa diante de Deus eternamente (Romanos 5:1; 8:1). Eles não perdem seu status justificado nem precisam ser "salvos" novamente. A tensão surge não da contradição teológica, mas de diferentes ênfases na natureza multifacetada da justificação e no seu funcionamento na vida do crente.

Tiago refere-se a um segundo caso em que a justiça de Abraão foi declarada através de suas obras, citando especificamente Gênesis 22, quando Abraão ofereceu Isaque no altar. Esta obediência demonstrou a genuinidade e maturidade da fé de Abraão, reforçando a sua posição justa diante de Deus.

O conceito de "justificação" no contexto de Tiago envolve a demonstração pública ou validação da fé de alguém através de ações. Enquanto Paulo enfatiza a justificação como Deus declarando uma pessoa justa com base somente na fé (Romanos 3:28; 4:3), Tiago se concentra na evidência externa dessa justiça interior. Para Tiago, a fé genuína produz naturalmente obras que testificam da sua autenticidade (Tiago 2:18).

Abraão serve como um excelente exemplo desse princípio. Sua justificação inicial em Gênesis 15:6 ocorreu quando ele acreditou na promessa de descendência de Deus, apesar de sua velhice e da esterilidade de Sara. Essa fé foi creditada a ele como justiça (Gênesis 15:6; Romanos 4:3). Mais tarde, em Gênesis 22, a fé de Abraão foi testada quando ele obedientemente se preparou para sacrificar Isaque conforme Deus ordenara. Esta obediência demonstrou a maturidade e a continuidade da fé de Abraão, mostrando que a sua fé não era ociosa, mas ativa e viva.

A ênfase de Tiago nas obras como evidência de fé complementa o ensino de Paulo sobre a justificação somente pela fé. Tanto Tiago como Paulo afirmam que a fé genuína produz uma vida transformada caracterizada pela obediência e boas obras (Efésios 2:10). No entanto, eles abordam o tema de diferentes ângulos: Paulo aborda a natureza fundamental da fé na justificação, e Tiago destaca o resultado prático da fé na vida diária.

Tiago menciona a segunda justificação de Abraão, sublinhando a natureza contínua e ativa da verdadeira fé. Manifesta-se em obediência e obras que testemunham a posição justa de alguém diante de Deus. Esta compreensão ajuda a reconciliar o ensino de Tiago com a ênfase teológica de Paulo na justificação pela fé, independentemente das obras da lei.

2:22 Você vê que a fé estava ativa junto com suas obras, e a fé foi completada por suas obras;

Tiago destaca que a fé de Abraão foi "aperfeiçoada" ou completada pelas suas obras, o que significa que as suas ações fortaleceram e demonstraram a genuinidade da sua fé. Isto se alinha com o ensino anterior de Tiago em 1:2-4, onde ele enfatiza que as provações e desafios na vida podem levar ao amadurecimento e ao aperfeiçoamento da fé.

A fé de Abraão foi testada profundamente quando Deus lhe ordenou que oferecesse Isaque como sacrifício (Gênesis 22). Apesar da aparente contradição – Deus prometendo descendentes através de Isaque – Abraão obedeceu com fé, acreditando que Deus poderia até ressuscitar Isaque dentre os mortos (Hebreus 11:19). Quando Deus providenciou um carneiro como sacrifício substituto, isso confirmou a confiança e a obediência de Abraão, solidificando e fortalecendo sua fé.

Tiago usa Abraão como exemplo para ilustrar como a fé não é apenas um consentimento ou crença intelectual, mas uma confiança ativa em Deus que resulta em ações obedientes. A palavra grega traduzida como "aperfeiçoado" (teleioō) sugere crescimento, maturidade e conclusão. Através da obediência, a fé de Abraão tornou-se mais forte, demonstrando que a fé genuína é dinâmica e transformadora, influenciando a vida de alguém.

Este conceito ressoa com o ensino bíblico mais amplo de que a fé e as obras são inseparáveis na vida de um crente. A fé inicia a salvação e a santificação contínua, enquanto as obras – nascidas da fé genuína – testemunham a realidade dessa fé (Efésios 2:8-10).

Portanto, o uso que Tiago faz do exemplo de Abraão destaca a sinergia entre fé e obras: a fé genuína produz obras, e estas obras fortalecem e aperfeiçoam a fé, tornando-a completa e madura. Esta compreensão enriquece a nossa perspectiva sobre como a fé opera na vida de um crente, reforçando a importância tanto da crença como da obediência na caminhada cristã.

2:23 , e a Escritura foi cumprida, que diz: "Abraão creu em Deus, e isso lhe foi imputado como justiça" - e ele foi chamado de amigo de Deus.

Tiago destaca o significado de Gênesis 15:6 na vida de Abraão, enfatizando que ele foi cumprido ou tornado evidente quando Abraão obedientemente ofereceu Isaque. Gênesis 15:6 registra a declaração de Deus de que a fé de Abraão lhe foi creditada como justiça, marcando um momento crucial no relacionamento de Abraão com Deus. Esta declaração antecipou e prenunciou a disposição de Abraão de oferecer Isaque como sacrifício em Gênesis 22, um evento que demonstrou vividamente a confiança inabalável e a obediência de Abraão a Deus.

O sacrifício de Isaque deixou claro o que Deus havia falado anos antes sobre a fé de Abraão. As ações de Abraão durante esta provação revelaram a profundidade e a autenticidade da sua fé. Ele cria na promessa de Deus de descendência através de Isaque. No entanto, ele estava disposto a obedecer mesmo quando solicitado a sacrificar seu filho amado. Este ato de obediência validou e cumpriu a declaração anterior de sua justificação pela fé (Gênesis 15:6).

Tiago destaca o significado de Deus chamar Abraão de Seu "amigo" (2 Crônicas 20:7; Isaías 41:8), um título que denota um relacionamento próximo e íntimo marcado pela confiança e lealdade. Esta amizade com Deus, segundo Tiago, não se baseia apenas na fé salvadora inicial, mas na fé obediente contínua. A contínua confiança e obediência de Abraão ao longo da sua vida exemplificou o que significa ser amigo de Deus – alguém que acredita e demonstra essa fé através de ações (Tiago 2:21-23).

Tiago contrasta a transação invisível da justificação somente pela fé, que ocorre entre um indivíduo e Deus, com a manifestação externa da justificação pelas obras, que é visível para os outros e solidifica o relacionamento da pessoa com Deus como Seu amigo íntimo. Esta distinção está alinhada com o ensino de Jesus de que a obediência aos mandamentos de Deus é a marca registrada da amizade com Ele (João 15:14). Assim, Tiago usa o exemplo de Abraão para ilustrar como a fé genuína é demonstrada através da obediência fiel, levando em última análise a um relacionamento mais profundo e íntimo com Deus.

Tiago traz Abraão para o seu argumento para ilustrar uma distinção crucial entre a justificação somente pela fé e a validação contínua dessa fé através das obras. A vida de Abraão serve como um exemplo significativo de alguém que foi declarado justo por Deus com base na sua fé (Gênesis 15:6). No entanto, foi através de ações subsequentes – particularmente a sua obediência no sacrifício de Isaque (Gênesis 22) – que a realidade da sua fé foi demonstrada externamente.

Tiago usa Abraão para mostrar que a justificação pela fé é uma declaração inicial de justiça diante de Deus. Esta declaração é baseada na confiança nas promessas e na graça de Deus, independentemente de qualquer mérito próprio (Romanos 4:1-5). Contudo, Tiago enfatiza que a fé genuína não é estática, mas dinâmica e transformadora. Tal como a de Abraão, a verdadeira fé continua a confiar e obedecer a Deus, resultando numa vida caracterizada por boas obras (Tiago 2:22-23).

Para os leitores cristãos de Tiago, o exemplo de Abraão encoraja e desafia. Encoraja-os a que a sua justificação inicial pela fé em Deus seja segura e completa através da graça de Deus. No entanto, desafia-os a viver diariamente a sua fé através de acções obedientes que reflectem a sua confiança na palavra de Deus e na Sua vontade. Ao fazê-lo, tal como Abraão, eles podem demonstrar a realidade da sua fé através das suas obras, validando assim a sua justificação perante os outros e aprofundando a sua relação com Deus como Seus amigos (Tiago 2:24-26).

Em resumo, Tiago usa Abraão para ensinar que embora a justificação apenas pela fé seja essencial para a salvação, a demonstração contínua dessa fé através de obras é crucial para a maturidade espiritual e um relacionamento vibrante com Deus. Este entendimento alinha-se com o ensino bíblico mais amplo de que a fé genuína produz naturalmente boas obras como prova da sua autenticidade (Efésios 2:8-10; Tito 3:8).

2:24 **Você vê que uma pessoa é justificada pelas obras e não somente pela fé.**

Usando o plural "você" neste versículo, Tiago deixa de se dirigir ao objetor hipotético e passa a se dirigir diretamente aos seus leitores. Esta transição significa que Tiago completou a sua refutação ao argumento do objetor e está agora a reforçar o seu ensinamento junto do público.

O termo "obras" no contexto de Tiago serve para declarar ou demonstrar justiça. O verbo grego "é justificado" (dikaioo) na presente forma indicativa passiva enfatiza um processo ou estado contínuo onde as obras servem como evidência da realidade interna da fé. Em outras palavras, as obras são a manifestação externa que testifica aos outros que uma pessoa exerceu genuinamente a fé salvadora. Isto se alinha com a afirmação anterior de Tiago de que a fé sem obras é morta e não pode demonstrar efetivamente a presença da fé genuína (Tiago 2:17).

Tiago reconhece, no entanto, que nem todo crente produzirá consistentemente frutos visíveis em suas vidas (Tiago 2:17). Alguns que parecem exibir o fruto da fé salvadora podem, com o tempo, ser revelados como desprovidos de fé verdadeira. Isto ecoa a parábola de Jesus sobre o trigo e o joio (Mateus 13:24-30), onde alguns que aparecem como trigo (crentes) são na verdade joio (incrédulos).

Ao interpretar o ensino de Tiago sobre a justificação, é importante distinguir o seu contexto daquele de Paulo. Paulo aborda o perigo de confiar nas obras para a justificação inicial diante de Deus, enfatizando que a salvação é pela graça, por meio somente da fé (Efésios 2:8-9). Em contraste, Tiago está preocupado com os crentes que se desculpam de demonstrar a sua fé através de boas obras, mostrando assim uma fé que é inativa e ineficaz no seu testemunho (Tiago 2:14).

Quanto à natureza da justificação em Tiago, alguns argumentam que ela se refere à vindicação perante outros, e não a um contexto salvífico. Esta interpretação sugere que Tiago está principalmente preocupado com a forma como os crentes demonstram a sua fé através de obras num sentido visível e prático, em vez do conceito teológico de justificação em termos de salvação inicial.

Tiago usa o plural "você" para enfatizar que as obras são evidências externas de fé interna, demonstrando justiça diante dos outros. Esta perspectiva ajuda a esclarecer o ensinamento de Tiago sobre a relação entre fé e obras, realçando a importância de uma fé activa e fecunda no seu testemunho aos outros.

2:25 E da mesma forma, não foi também Raabe, a prostituta, justificada pelas obras, quando recebeu os mensageiros e os enviou por outro caminho?

A inclusão de Raabe por Tiago ao lado de Abraão em seu argumento ilustra e reforça seu tema a respeito da relação entre fé e obras. Raabe, uma mulher de Jericó e ex-prostituta, é um exemplo notável de alguém cuja vida e ações demonstraram fé genuína em Deus.

A fé de Raabe é destacada no relato bíblico antes mesmo dos espiões israelitas chegarem à sua casa (Josué 2:9-13). Ela reconheceu o Deus de Israel como o verdadeiro Deus. Ela confiou em Sua promessa de libertação, levando-a a esconder os espiões e protegê-los da captura. Através das suas acções, Raabe demonstrou a sua fé no plano de Deus para os israelitas e a sua vontade de se alinhar com o Seu povo, arriscando a sua vida.

Tiago contrasta Raabe com Abraão, enfatizando suas diferentes origens e circunstâncias. Abraão, o patriarca e pai dos fiéis, demonstrou a sua fé através da obediência, nomeadamente na sua disponibilidade para oferecer Isaque como sacrifício em resposta à ordem de Deus (Gênesis 22:1-19). Por outro lado, Raabe demonstrou a sua fé através da sua hospitalidade e proteção para com os espias, o que finalmente garantiu a sua salvação quando Jericó foi conquistada.

A inclusão de Raabe ao lado de Abraão destaca o ponto mais amplo de Tiago de que a fé genuína é evidenciada pelas obras. Tanto Abraão como Raabe, apesar das suas origens e papéis muito diferentes na história bíblica, exemplificam o princípio de que a fé sem obras é morta (Tiago 2:26). As suas histórias enfatizam que a verdadeira fé é activa e transformadora, levando os crentes à obediência e a acções que reflectem a sua confiança nas promessas de Deus.

A inclusão de Raabe no argumento de Tiago ilustra a universalidade do princípio que funciona para validar a fé. O seu exemplo, juntamente com o de Abraão, demonstra que, independentemente dos antecedentes ou origens, a fé genuína em Deus manifesta-se em acções obedientes e numa vida que reflecte confiança na Sua soberania e nas Suas promessas.

2:26 Pois assim como o corpo sem o espírito está morto, a fé sem as obras também está morta.

Tiago conclui sua discussão sobre a fé e trabalha com uma analogia poderosa: comparar a fé sem obras a um corpo sem espírito. Assim como um corpo físico sem espírito é sem vida e inútil, o mesmo acontece com a fé sem obras. Esta analogia enfatiza que a fé, para ser eficaz e viva, deve ser acompanhada de ações que demonstrem a sua vitalidade e sinceridade.

O ensino de Tiago aqui não contradiz as doutrinas da graça apresentadas por Paulo ou a ênfase de João na fé como a única condição para receber a vida eterna. Pelo contrário, Tiago complementa estes ensinamentos abordando a operação prática da fé na vida do crente. Ele adverte contra a noção de que uma "fé morta" não pode existir na vida de um cristão, enfatizando que a fé sem ações correspondentes é inativa e, portanto, ineficaz na realização dos propósitos de Deus.

É crucial compreender que Tiago não sugere que uma "fé morta" leve à condenação eterna (inferno). Em vez disso, ele destaca os perigos que a falta de trabalho pode trazer para a experiência cristã, incluindo as potenciais consequências do pecado nesta vida. Tiago defende uma fé vibrante e ativa que professe a crença e a demonstre através da obediência e das boas obras.

Tiago dirige-se aos crentes ricos e pobres ao longo de sua epístola , desafiando-os a examinar a autenticidade de sua fé avaliando suas ações. Ele não questiona o seu status de salvação nem oferece um novo plano de salvação. Em vez disso, ele os encoraja a viver a sua fé de maneiras tangíveis que refletem a justiça e o amor de Deus.

A ênfase de Tiago na fé e nas obras serve como uma advertência e encorajamento necessários para os crentes viverem ativamente a sua fé, sabendo que a fé genuína produz uma vida transformada pela obediência e amor a Deus e aos outros.

A passagem de Tiago sobre a fé e as obras depende da compreensão precisa do que ele quer dizer com "fé morta". Ele usa o termo "morto" como sinônimo de "inútil", indicando que a fé sem ações concomitantes não contribui ativamente para a vida do crente ou para os propósitos do reino de Deus. É importante ressaltar que Tiago não sugere que alguém com fé morta não tenha fé ou não seja salvo. Em vez disso, ele destaca que tal pessoa possui fé salvadora, mas não consegue vivê-la praticamente diariamente.

O conceito de "justificar" no contexto de Tiago significa declarar justo, não tornar justo. Isto se alinha com o entendimento teológico de que a justificação ocorre no momento da salvação, quando Deus declara um crente justo com base na fé em Cristo, e não pelas suas próprias obras. Da mesma forma, o termo "salvar" (gr. sozo) abrange toda a jornada do crente, incluindo justificação, santificação (o processo de se tornar mais semelhante a Cristo) e glorificação (ser aperfeiçoado em Cristo na eternidade).

A preocupação de Tiago é principalmente com a santificação progressiva – o processo contínuo de tornar-se mais santo e semelhante a Cristo na vida diária. Ele destaca a necessidade de boas obras não para ganhar a salvação, mas para demonstrar a realidade da fé de alguém. Na opinião de Tiago, as boas obras são resultados naturais e evidências de fé genuína. Assim, embora Tiago não ensine que as boas obras são necessárias para a salvação inicial (justificação), ele enfatiza fortemente a sua importância na caminhada cristã contínua (santificação).

Em termos práticos, Tiago adverte que negligenciar a vida pela fé – confiar e obedecer a Deus na vida diária – torna a fé inativa ou "inútil". Isto pode levar a perder a plenitude das bênçãos de Deus e até mesmo enfrentar as medidas disciplinares de Deus, que podem incluir consequências nesta vida. Portanto, Tiago encoraja os crentes a exercerem continuamente a sua fé, alinhando as suas ações com as suas crenças, demonstrando assim o poder transformador da graça de Deus nas suas vidas.

Resumindo, o ensino de Tiago nos versículos 14-26 é um chamado à fé ativa que impacta a forma como os crentes vivem diariamente. É um lembrete para evitar a complacência e garantir que a fé não seja meramente teórica, mas que influencie activamente as escolhas e acções de cada um. Esta perspectiva enriquece a nossa compreensão da vida cristã. Enfatiza a natureza holística da fé que abrange tanto a crença quanto a prática.

A declaração de Jesus em Mateus 7:16, 20, "Pelos seus frutos os conhecereis", serve como uma diretriz geral para avaliar as pessoas, em vez de uma fórmula estrita onde as obras sempre indicam o status de salvação de alguém. Esta perspectiva é crucial porque se as obras fossem um indicador infalível de salvação, cada vez que um cristão pecasse, isso implicaria que ele não era salvo. Contudo, as Escrituras ensinam que a salvação é baseada na fé no sacrifício de Cristo e na declaração de justiça de Deus, e não apenas em boas obras (Efésios 2:8-9; Romanos 3:21-22).

A parábola do trigo e do joio (Mateus 13:24-41) ilustra que dentro da comunidade cristã, existem crentes genuínos e aqueles que podem parecer aparentemente semelhantes, mas carecem de fé genuína. Alguns cristãos podem lutar contra a carnalidade por longos períodos ou exibir inconsistências na sua caminhada com Deus. No entanto, a sua salvação permanece segura devido à sua fé inicial em Cristo e na graça de Deus.

A mensagem de Tiago está alinhada com o chamado para viver a fé de forma consistente e prática. Ele enfatiza que a fé é evidenciada pela crença inicial e pela confiança e obediência contínuas e diárias a Deus. Isto envolve demonstrar ativamente fé através de boas obras, que refletem a vida transformada que resulta de um relacionamento genuíno com Cristo (Tiago 2:18).

Embora as boas obras sejam esperadas dos crentes como uma consequência natural da fé (Colossenses 2:6; Tito 3:8; 2 Pedro 1:5-7), elas não são automáticas ou inevitáveis. Requerem esforço intencional e a capacitação do Espírito Santo para cultivar virtudes como excelência moral, autocontrole, perseverança, piedade, bondade fraternal e amor. Estas qualidades são desenvolvidas através da fé contínua e da obediência à Palavra de Deus.

Tiago encoraja os crentes a viverem a sua fé autenticamente, não apenas confiando numa profissão de fé passada, mas crescendo continuamente no relacionamento com Deus e reflectindo o Seu carácter através das suas acções. Esta perspectiva enriquece a nossa compreensão do discipulado cristão, enfatizando a graça que salva e a transformação contínua que marca um verdadeiro seguidor de Cristo.

Resumo do Capítulo 2

O capítulo 2 do Livro de Tiago aborda o tema da fé e das obras, destacando a ligação entre a fé genuína em Cristo e a realização dessa fé através de boas obras. Aqui está um resumo detalhado do capítulo 2 de Tiago:

Versículo 1-13: Advertência contra Favoritismo

Tiago começa condenando o pecado de mostrar parcialidade ou favoritismo com base nas aparências externas, como riqueza ou status. Ele ilustra isso com um exemplo de como um homem rico recebe tratamento especial em relação a um homem pobre em uma reunião. Tiago lembra aos crentes que tais atitudes contradizem a fé em nosso glorioso Senhor Jesus Cristo, que não mostrou parcialidade e nos ordenou que amássemos o próximo como a nós mesmos. Ele adverte que aqueles que mostram favoritismo cometem pecado e são condenados como transgressores da lei. O julgamento sem misericórdia aguarda aqueles que não demonstraram misericórdia, enfatizando a importância de viver a lei real do amor.

Versículo 14-26: Fé e Obras

Tiago então investiga a relação entre fé e obras, tema central deste capítulo. Ele faz uma pergunta retórica: "De que adianta, meus irmãos e irmãs, se alguém afirma ter fé, mas não tem obras?" (v. 14, NVI). James argumenta que a fé genuína, se existir, produzirá naturalmente ações correspondentes. Ele dá um exemplo: se alguém afirma ter fé, mas não mostra amor e cuidado prático a um irmão ou irmã necessitado, a sua fé é inútil. A verdadeira fé é demonstrada pelas obras.

James então apresenta dois exemplos históricos para ilustrar seu ponto de vista:

Abraão : Ele foi justificado pela sua fé quando obedeceu a Deus e ofereceu Isaque no altar (Gênesis 22). Este ato demonstrou a genuinidade de sua fé. Cumpriu a Escritura que diz: "Abraão creu em Deus, e isso lhe foi creditado como justiça" (v. 23).

Raabe : A prostituta de Jericó que, pela fé, acolheu os espiões e os ajudou a escapar (Josué 2). Suas ações mostraram sua fé e levaram à salvação dela e de sua família.

Tiago conclui que a fé sem obras é morta, enfatizando que a verdadeira fé é ativa e produtiva. Ele contrasta isso com uma objeção hipotética: "Tu tens fé; eu tenho obras" (v. 18). Ele rebate afirmando que a fé e as ações não podem ser separadas; a verdadeira fé leva naturalmente a ações, e as ações afirmam a autenticidade da fé.

Principais temas e lições

Favoritismo e Amor : Tiago destaca a importância da imparcialidade e do amor na conduta cristã. Mostrar favoritismo contradiz a ordem de amar o próximo e revela falta de fé genuína.

Fé e Obras : Tiago esclarece que embora a salvação seja somente pela fé, a verdadeira fé nunca está sozinha – ela é acompanhada por obras que demonstram sua realidade. As obras não são o meio de salvação, mas a prova dela.

Exemplos de Fé : Abraão e Raabe exemplificam como a fé genuína leva a ações obedientes. As suas vidas realçam que a fé é mais do que consentimento intelectual; envolve confiança em Deus que resulta em respostas obedientes aos Seus mandamentos.

A Natureza da Fé : Tiago desafia os crentes a examinarem a sua fé. A verdadeira fé transforma vidas e manifesta-se em justiça e compaixão para com os outros.

O capítulo 2 de Tiago fornece uma base teológica robusta para a relação entre fé e obras, sublinhando a inseparabilidade da fé genuína da sua expressão exterior através de obras justas e do amor pelos outros. Exorta os crentes a viverem a sua fé de forma autêntica, garantindo que reflectem o poder transformador do evangelho em todos os aspectos.

Capítulo 2 Oração

Pai do Céu,

Viemos diante de você humildemente, reconhecendo Sua soberania e bondade. Obrigado pela sabedoria que você transmite através da Sua Palavra, especialmente através do capítulo 2 de Tiago. Ajude-nos, Senhor, a aplicar esses ensinamentos em nossas vidas diárias.

Perdoe-nos, Pai, pelas vezes em que demonstramos favoritismo ou parcialidade com base nas aparências externas. Ajude-nos a ver os outros como Você os vê, com amor e compaixão, independentemente de seu status ou origem. Que sempre nos lembremos de que o Teu reino valoriza a humildade e o amor acima de tudo.

Senhor, fortaleça nossa fé. Ensina-nos que a verdadeira fé não é apenas uma profissão de fé, mas uma confiança viva e ativa em Ti que resulta em obediência e boas obras. Que a nossa fé seja evidente nas nossas ações ao procurarmos servir e amar os outros de forma sacrificial, tal como Jesus fez.

Conceda-nos sabedoria, Espírito Santo, para discernir oportunidades de mostrar bondade, misericórdia e compaixão para com os necessitados. Ajude-nos a ser praticantes da Palavra e não apenas ouvintes, para que a nossa fé seja viva e eficaz na transformação de vidas e comunidades.

Senhor, nós elevamos aqueles que lutam com dúvidas ou enfrentam provações de fé. Fortaleça seus corações, ó Deus, e lembre-os de Sua fidelidade e promessas. Ajude-os a perseverar, sabendo que herdarão Suas promessas por meio da fé e da paciência.

Pai, que nossas vidas sejam um reflexo de Sua graça e misericórdia. Que nossas palavras e ações Te glorifiquem e atraiam outros para mais perto do Teu reino. Use-nos como instrumentos da Sua paz e agentes do Seu amor em um mundo que precisa desesperadamente da Sua luz.

Oramos todas essas coisas em nome de Jesus Cristo, nosso Senhor e Salvador.

Amém.

Capítulo 2 Perguntas

Contra o que Tiago adverte no Capítulo 2?

De acordo com Tiago, como os cristãos deveriam tratar os ricos e os pobres?

Que analogia Tiago usa para ilustrar a questão da fé e das obras?

Como Tiago descreve a fé sem obras?

Que figura do Antigo Testamento Tiago usa para ilustrar a fé demonstrada através das obras?

Quem mais Tiago usa como exemplo de fé demonstrada por meio de obras?

O que Tiago argumenta sobre fé e obras?

Como Tiago responde a alguém que afirma ter fé, mas não tem obras?

De acordo com Tiago, como a fé e as obras estão ligadas?

O que Tiago diz sobre a importância de obedecer a toda a lei?

O que Tiago ensina sobre misericórdia e julgamento?

Como Tiago desafia seus leitores em relação à fé deles?

Que exemplo Tiago usa para enfatizar a questão da fé e das obras?

De acordo com Tiago, que tipo de fé os demônios têm?

Como Tiago descreve a lei da liberdade?

O que Tiago diz sobre a fé que carece de obras?

O que Tiago quer dizer com ser justificado pelas obras?

De acordo com Tiago, como os crentes devem tratar aqueles que vêm à sua assembleia?

Qual é a mensagem principal que Tiago deseja que seus leitores entendam sobre fé e obras?

Como Tiago conclui sua discussão sobre fé e obras?

Tiago Capítulo 3:1-18

Domando a língua

James enfatiza o papel crítico das nossas palavras nas nossas obras, destacando como o nosso discurso pode revelar parcialidade. Ele fornece orientação para ajudar os crentes a alinhar suas palavras com a vontade de Deus. No que diz respeito à fé e à obediência, ele adverte contra o equívoco de que só a fé, sem ações correspondentes, é suficiente. Historicamente, quando esta crença se consolida, promove um aumento de professores e pregadores autonomeados dentro da Igreja, procurando propagar as suas interpretações à parte da plena obediência à palavra de Deus (Tiago 2:2-3).

Tiago concentra-se no uso indevido da língua no culto cristão, no ensino e na vida da igreja, ecoando preocupações encontradas em outras passagens bíblicas (cf. 1 Coríntios 12:3; 14:27-39). Fazendo a transição da questão da fé ociosa, Tiago passa a discutir os perigos do discurso ocioso.

Tiago emprega um estilo retórico que remonta ao tema do discurso, anteriormente abordado em 1:19 e 1:26, enfatizando a importância crítica de controlar a língua (Tiago 3:2). Este capítulo também aborda a tendência de priorizar a teoria sobre a prática, um tema ligado aos seus ensinamentos anteriores (Tiago 2:14-26).

Tiago dirige a sua mensagem particularmente aos líderes da igreja, exortando-os a aproveitar o poder das suas palavras para orientar e guiar o curso da vida e da missão da igreja. Ele usa imagens vívidas, comparando a língua ao freio na boca de um cavalo que controla sua direção (Tiago 3:3) e ao leme de um navio que determina seu caminho (Tiago 3:4). Estas analogias destacam a influência significativa do discurso na formação da comunidade e da missão da igreja.

3:1 Muitos de vocês não deveriam se tornar professores, meus irmãos, pois vocês sabem que nós que ensinamos seremos julgados com maior rigor.

No seu estilo característico, Tiago introduz um novo tópico com uma diretriz, como visto nos capítulos anteriores (cf. Tiago 1:2; 2:1). Embora todo cristão seja chamado a compartilhar e transmitir a Palavra de Deus (Mateus 28:19; Hebreus 5:12), Tiago se dirige especificamente àqueles que aspiram a ser professores formais na igreja. Este papel carregou honra e influência significativas durante seu tempo, semelhante aos reverenciados rabinos da tradição judaica (Mateus 23:8).

James adverte contra aspirar a ensinar sem as devidas qualificações ou motivos dignos, semelhante a alguns de seu público que buscavam prestígio ou outros objetivos indignos através de funções de ensino. Ele implica que aqueles que ensinam enfrentarão um julgamento mais rigoroso, tanto por parte dos seus ouvintes como, em última análise, por parte de Deus, à medida que professam conhecer e viver pela verdade (Tiago 3:1).

Reconhecendo a necessidade dos professores e alertando contra a incompetência, James não denuncia o ensino em si. Ainda assim, ele pede moderação e qualificação antes de assumir tal função. Ele destaca o perigo do orgulho espiritual e intelectual que acompanha o cargo de professor, alertando contra tornar-se presunçoso ou "Senhor Oráculo" ao transmitir instrução espiritual (Tiago 3:1-2).

3:2 Pois todos nós tropeçamos em muitos aspectos. E se alguém não tropeça naquilo que diz, esse é homem perfeito, capaz também de refrear todo o seu corpo.

Tiago destaca o desafio de controlar a língua, destacando sua propensão a causar erros significativos ou "tropeços" na fala (Tiago 3:2). Ele compara a língua a um membro pequeno, mas poderoso do corpo, que é notoriamente difícil de domar (Tiago 3:5-12). Apesar de nossos melhores esforços, somente Jesus Cristo domina perfeitamente o controle da fala.

A maturidade espiritual, argumenta Tiago, depende de ganhar domínio sobre a língua, um tema que ecoa em outros ensinamentos bíblicos, como em Tito 1:11. A língua, embora pequena, carrega um grande potencial tanto para o bem quanto para o mal. Tiago sugere que, independentemente de outros pecados, todos lutam para controlar a sua fala (Tiago 3:8).

Tiago enfatiza a importância de exercer disciplina sobre as nossas palavras, reconhecendo que o autocontrole desempenha um papel fundamental no nosso crescimento e maturidade espirituais.

3:3 Se colocarmos freios na boca dos cavalos para que eles nos obedeçam, também guiaremos todo o seu corpo.

Tiago traça um paralelo entre a língua e o freio de um cavalo, ilustrando que assim como um pequeno pedaço na boca de um cavalo dirige todo o seu corpo, o controle da língua também pode governar todo o ser (Tiago 3:3-5). Ele destaca o impacto significativo da fala nas nossas vidas, destacando como o domínio da língua nos permite exercer controlo sobre as nossas ações e comportamentos.

A imagem de Tiago destaca um ponto de tropeço comum para os crentes: a língua indisciplinada. Se não for controlado, este órgão pequeno, mas potente, pode levar a armadilhas e desafios significativos na nossa jornada espiritual (Tiago 3:6).

Tiago encoraja os crentes a reconhecerem o poder das suas palavras e a importância da moderação no seu discurso. Ao fazê-lo, demonstram maturidade e autodisciplina e governam eficazmente as suas vidas de uma forma que honra a Deus e promove a unidade dentro da comunidade de fé.

3:4 Observe também os navios: embora sejam tão grandes e movidos por ventos fortes, eles são guiados por um leme muito pequeno para onde quer que a vontade do piloto os direcione.

Tiago ilustra ainda o poder da língua comparando-a ao pequeno leme de um navio, que, apesar do seu tamanho, dirige todo o navio mesmo diante de ventos fortes (Tiago 3:4). Tendo provavelmente observado numerosos navios no Mar da Galileia e possivelmente no Mar Mediterrâneo, Tiago utiliza estas imagens vívidas para enfatizar como algo aparentemente insignificante – um leme – pode exercer uma influência significativa sobre o curso de um navio.

Da mesma forma, James sugere que as nossas línguas, embora pequenas em tamanho físico, exercem uma influência considerável sobre as nossas vidas e interações. Quando a nossa fala é controlada e dirigida com sabedoria, ela pode guiar-nos através de circunstâncias desafiadoras e ajudar-nos a superar obstáculos que de outra forma poderiam levar à discórdia ou ao dano (Tiago 3:5-6).

Esta analogia destaca a mensagem mais ampla de James sobre dominar o nosso discurso para integridade pessoal, harmonia relacional e maturidade espiritual. Exercendo moderação e sabedoria em nossas palavras, podemos efetivamente orientar nossas vidas em alinhamento com a vontade e o propósito de Deus.

3:5 Assim também a língua é um membro pequeno, mas se gloria de grandes coisas. Quão grande é uma floresta incendiada por um incêndio tão pequeno!

Tiago continua a destacar o impacto desproporcional da língua, apesar do seu pequeno tamanho, recorrendo a duas ilustrações anteriores – o freio na boca de um cavalo e o leme de um navio – para enfatizar o seu poder de dirigir e influenciar (Tiago 3:3-4). . Em vez de interpretar o versículo 5a como uma declaração sobre fazer afirmações pretensiosas, James enfatiza o poder prático do discurso na definição de resultados e relacionamentos.

Ele compara a língua a uma faísca que pode acender um grande incêndio florestal (Tiago 3:5-6). Esta analogia retrata vividamente o potencial destrutivo da fala descontrolada. Tal como uma pequena faísca pode incendiar uma vasta extensão de floresta, a língua, embora fisicamente pequena, carrega um imenso poder de causar danos se não for cuidadosamente gerida.

As imagens de James destacam a importância de exercer cautela e sabedoria em nosso discurso. Apesar do seu tamanho, a língua pode exercer influência significativa, seja para fins construtivos ou destrutivos. Ao reconhecer o seu impacto potencial, os crentes são encorajados a aproveitar as suas palavras para a edificação, a paz e a glória de Deus, em vez de permitir que alimentem conflitos ou danos nas suas comunidades (Tiago 3:7-8).

3:6 E a língua é um fogo, um mundo de injustiça. A língua está colocada entre nossos membros, manchando todo o corpo, incendiando todo o curso da vida e incendiada pelo inferno.

Tiago retrata vividamente a língua como uma força potente semelhante ao fogo, capaz de desencadear um "mundo de injustiça" (Tiago 3:6). Esta metáfora destaca o poder e a natureza perversa do discurso desenfreado. A língua, argumenta Tiago, torna-se um canal através do qual todos os tipos de características malignas inerentes à humanidade caída – como a cobiça, a idolatria, a blasfêmia, a luxúria e a ganância – encontram expressão (Tiago 3:6).

Da perspectiva de Tiago, a língua atua como um vasto sistema de iniquidade, capaz de espalhar influências destrutivas como o fogo que se espalha incontrolavelmente (Tiago 3:6). Ele o retrata como um portal através do qual as influências do inferno podem permear e inflamar todos os aspectos da vida que tocam (Tiago 3:6).

Curiosamente, Tiago emprega o termo "inferno" (em grego: Geena) fora dos Evangelhos Sinópticos, enfatizando o impacto generalizado da fala desenfreada tanto na vida individual como possivelmente na comunidade dos crentes (Tiago 3:6). Ao retratar a língua em termos tão severos, Tiago exorta os crentes a exercerem vigilância e disciplina no seu falar, reconhecendo o seu potencial para edificar e abençoar ou para corromper e destruir.

3:7 Pois toda espécie de animal e ave, de réptil e criatura marinha, pode ser domesticada e foi domesticada pela humanidade,

Historicamente, os humanos demonstraram a sua capacidade de controlar várias formas de vida animal. Desde ensinar leões, tigres e macacos a realizar truques como saltar através de arcos até treinar papagaios e canários para falar e cantar, e até mesmo encantar cobras ou instruir golfinhos e baleias na execução de tarefas específicas - esses feitos mostram a habilidade da humanidade no treinamento e manipulação de animais (Tiago 3:7).

O mundo antigo orgulhava-se destas capacidades, vendo-as como um testemunho do domínio humano sobre o reino animal. A palavra grega usada por Tiago, muitas vezes traduzida como "domesticado", poderia ser traduzida com mais precisão como "subjugado". Esta distinção implica que embora os humanos tenham controlado com sucesso muitos animais, nem todos foram domesticados no sentido de se tornarem totalmente domesticados ou submissos à autoridade humana (Tiago 3:7).

James baseia-se nesta analogia para destacar a natureza paradoxal da língua. Apesar da capacidade da humanidade de controlar e manipular os animais, a língua continua a ser um desafio formidável para controlarmos dentro de nós mesmos (Tiago 3:8). Esta comparação destaca a importância de dominar a própria fala, reconhecendo o seu potencial para trazer harmonia e bênção ou discórdia e dano nas nossas interacções e relacionamentos.

3:8, mas nenhum ser humano pode domar a língua. É um mal inquieto, cheio de veneno mortal.

Tiago enfatiza o desafio significativo de controlar a língua, observando que nenhum ser humano, sem a ajuda do Espírito Santo, jamais foi capaz de subjugá-la ou domá-la totalmente (Tiago 3:8). Ele compara o perigo da língua ao dos animais venenosos mortais, destacando sua atividade incessante e potencial destrutivo apenas através de palavras (Tiago 3:8).

Tal como o fogo e os animais selvagens, a língua possui o poder de causar destruição e dano (Tiago 3:5-6). Tiago destaca isso traçando paralelos entre esses elementos, enfatizando sua capacidade de causar estragos se não forem adequadamente gerenciados ou contidos (Tiago 3:5).

Esta perspectiva alinha-se com a sabedoria bíblica encontrada em passagens como o Salmo 62:4, que reconhece a potência da fala para prejudicar e destruir. Os ensinamentos de Tiago, portanto, exortam os crentes a confiar na orientação do Espírito Santo para controlar a sua fala, reconhecendo o seu potencial para construir ou destruir, dependendo de como é usada (Tiago 3:9-12).

3:9 Com ela, bendizemos nosso Senhor e Pai, e com ela, amaldiçoamos pessoas que são feitas à semelhança de Deus.

Tiago destaca a inconsistência de usarmos nossas palavras tanto para honrar a Deus como para desonrar outros seres humanos, que são criados à imagem de Deus (Gênesis 1:27). Esta abordagem dupla contradiz a verdade fundamental de que todas as pessoas refletem a imagem divina e, portanto, merecem respeito e honra no nosso discurso (Tiago 3:9).

A lição significativa de Tiago é que quando amaldiçoamos ou falamos mal de alguém criado à imagem de Deus, indiretamente amaldiçoamos e desrespeitamos a Deus, o protótipo final da imagem da humanidade (Tiago 3:9).

Na tradição judaica, abençoar a Deus é considerado um ato sagrado, exemplificado por rituais como a recitação das Dezoito Bênçãos, que terminam com afirmações da bênção de Deus (Tiago 3:9). Da mesma forma, os judeus tradicionalmente acrescentavam "Bendito seja" a cada menção do nome de Deus na fala e na escrita, refletindo profunda reverência e respeito (Tiago 3:9).

A exortação de Tiago desafia os crentes a alinharem o seu discurso com esta reverência e respeito, reconhecendo a imagem divina em cada pessoa e honrando a Deus pela forma como falam sobre e para os outros (Tiago 3:10-12). Esta abordagem promove a unidade, o respeito e a dignidade dentro da comunidade de fé, reflectindo o carácter de Deus e o Seu desejo de que amemos uns aos outros como Ele nos ama.

3:10 Da mesma boca procedem bênção e maldição. Meus irmãos, estas coisas não deveriam ser assim.

Tiago condena a inconsistência onde as bênçãos para Deus e as maldições para os outros emanam da mesma boca, observando que isso vai contra a vontade de Deus e a ordem natural das coisas (Tiago 3:10). Embora os crentes possuam o potencial, através da habitação do Espírito Santo, para controlar as suas línguas, eles nem sempre podem aproveitar eficazmente esta capacidade (Tiago 3:8).

Tiago exorta à aplicação prática da fé na vida diária. Ele adverte aqueles que louvam a Deus na adoração, mas falam mal em outros lugares, ordenando a purificação da fala durante a semana (Tiago 3:9). Ele desafia aqueles que desculpam a conversa excessiva ou hábitos prejudiciais de fala, enfatizando a necessidade de disciplina e autocontrole na fala (Tiago 3:10-11).

Para Tiago, a fé genuína é transformadora, impactando não apenas as crenças, mas também os comportamentos, incluindo os hábitos de fala (Tiago 3:12). Ele espera que os cristãos busquem a graça divina para cultivar um discurso saudável, rejeitando hábitos corruptos como fofocas, insultos, ridículo e sarcasmo dentro das comunidades da igreja (Tiago 3:13).

Tiago aborda as implicações mais amplas do discurso nos ambientes da igreja, alertando contra disputas iradas e calúnias que podem surgir em conflitos internos (Tiago 4:1-2, 11-12). Ele destaca a importância do discurso que edifica em vez de destruir, refletindo uma vida transformada alinhada com a vontade de Deus e caracterizada pelo amor e respeito pelos outros (Tiago 3:13).

Os ensinamentos de Tiago convidam os crentes a alinhar as suas palavras com a sua fé, reconhecendo que o verdadeiro conhecimento de Deus se manifesta em vidas transformadas e em palavras que O honram e edificam outros.

3:11 Será que da mesma abertura brota uma fonte, tanto de água doce como de água salgada? 3:12 Meus irmãos, pode uma figueira produzir azeitonas, ou uma videira produzir figos? Nem uma lagoa salgada pode produzir água doce.

Tiago usa ilustrações poderosas para destacar a inconsistência inerente da fala humana (Tiago 3:11-12), traçando paralelos com fenômenos naturais que produzem apenas um tipo de resultado:

Nascente ou Fonte : Assim como uma fonte ou fonte produz água doce ou água amarga, mas não ambas, a língua pode produzir palavras que edificam ou palavras que destroem (Tiago 3:11).

Figueira : Da mesma forma, uma figueira produz naturalmente frutos de sua própria espécie – figos. Da mesma forma, a língua, influenciada pela natureza humana, tende a produzir palavras que refletem a condição do coração e da mente (Tiago 3:12).

Tiago enfatiza a necessidade de controlar a língua devido à sua natureza pequena, mas influente (Tiago 3:5). Ele destaca o perigo de permitir que a língua aja sem controle, comparando o seu potencial ao de uma força satânica e infecciosa que pode corromper relacionamentos e comunidades (Tiago 3:6-8). Portanto, ele apela à disciplina e à limpeza da fala, reconhecendo a sua tendência a ser inconsistente e por vezes prejudicial (Tiago 3:10-12).

Em contraste com os ensinamentos superficiais e hipócritas de alguns líderes religiosos, Tiago aborda as causas profundas do comportamento humano e a necessidade de uma transformação genuína através da influência santificadora do Espírito Santo (Tiago 3:13). Ele exorta os crentes a alinharem o seu discurso com a sua fé, refletindo um coração renovado e guiado pela sabedoria e pelo amor de Deus.

Sabedoria do Alto

3:13 Quem entre vocês é sábio e entendido? Pela sua boa conduta, mostre suas obras na mansidão da sabedoria.

Tiago progride na sua discussão sobre a fala humana, ligando a sabedoria ao domínio da língua, enfatizando aplicações práticas que se alinham com a perspectiva de Deus e promovem a paz (Tiago 3:13-18). Ele começa destacando as qualificações de um professor, enfatizando a importância da sabedoria e do entendimento derivados de ver a vida através das lentes de Deus (Tiago 3:1).

Central no ensino de Tiago é o conceito de que a sabedoria se manifesta não apenas na capacidade intelectual ou na acuidade verbal, mas principalmente nas ações e no comportamento de alguém (Tiago 3:13). Ele se baseia na literatura sapiencial do Antigo Testamento, sugerindo que a sabedoria genuína é discernível através da conduta de uma pessoa e da humildade com que ela se submete à autoridade divina (Tiago 3:13).

Tiago usa a palavra grega " prauteti " (gentileza ou mansidão) para ilustrar a característica de uma pessoa sábia – uma característica comparada a um cavalo treinado sob o controle de uma rédea, simbolizando força temperada pela humildade e submissão ao Espírito Santo (Tiago 3:13).). Esta humildade reflete uma escolha deliberada de colocar a mente sob a autoridade de Deus, permitindo-Lhe guiar e controlar os pensamentos e a fala da pessoa (Tiago 3:13; Mateus 11:27; 2 Coríntios 10:1).

Em contraste com os ensinamentos orgulhosos e divisivos dos líderes autoproclamados, Tiago enfatiza a importância da humildade e da mansidão, especialmente para aqueles que exercem funções de ensino na igreja (Tiago 3:14-16). Ele adverte contra as armadilhas do orgulho intelectual, exortando professores e pregadores a manterem a humildade e a integridade moral no seu ministério (Tiago 3:15-16).

Em última análise, o conceito de sabedoria de Tiago está profundamente enraizado na integridade moral e na justiça prática, enfatizando a transformação do coração e da mente sob a orientação da sabedoria de Deus, em vez de mera proeza intelectual ou eloquência (Tiago 3:17-18). Ele encoraja os crentes, especialmente aqueles que ocupam cargos de liderança, a exemplificar humildade e gentileza no seu discurso e conduta, refletindo a sabedoria de Deus e promovendo a paz dentro da comunidade da igreja (Tiago 3:17-18).

3:14 Mas se vocês têm ciúme amargo e ambição egoísta em seus corações, não se vangloriem nem sejam falsos em relação à verdade.

Tiago adverte fortemente contra permitir que "o ciúme amargo e a ambição egoísta" criem raízes no coração de um professor, pois essas motivações levam a palavras e ações prejudiciais (Tiago 3:14). Ele descreve a "inveja amarga" como uma característica aguda e pungente, semelhante à água amarga de uma fonte, enfatizando sua natureza corrosiva (Tiago 3:14). A inveja (zelos) aqui denota um desejo zeloso ou ciumento que pode levar a conflitos e divisões dentro da comunidade (Tiago 3:16).

O termo "egoísmo" (eritheia) destaca ainda uma atitude divisiva, muitas vezes traduzida como "conflito" ou "faccionalismo", indicando uma busca egoísta de interesses pessoais às custas da unidade e da verdade (Tiago 3:14). Este comportamento, impulsionado pela natureza humana pecaminosa, promove uma mentalidade divisiva de "nós contra eles", contrária ao espírito de humildade e altruísmo que deveria caracterizar o ensino e a liderança cristãos (Tiago 3:16).

Tiago conecta essas atitudes com arrogância e jactância (katakauchaomai), que promovem o interesse próprio em vez da verdade que os professores têm a tarefa de comunicar (Tiago 3:14). Quando os professores sucumbem a essas tentações, eles podem distorcer ou ensinar falsidades (pseudomai) que contradizem a mensagem do evangelho e a verdade de Deus (Tiago 3:14).

Para James, a humildade é essencial para a verdadeira sabedoria e um ensino eficaz. Ele critica aqueles que se vangloriam de sabedoria sem viverem humildemente, afirmando que tal arrogância é incompatível com os caminhos de Deus (Tiago 3:14). Este apelo à humildade aplica-se universalmente, desafiando tanto os cristãos como os não-cristãos a abraçar uma mentalidade que dá prioridade à verdade, à unidade e ao bem-estar dos outros em detrimento de agendas pessoais ou ambições egoístas (Tiago 3:14).

Em resumo, Tiago exorta os professores e todos os crentes a cultivarem a humildade, rejeitarem ambições egoístas e promoverem a unidade e a verdade nos seus discursos e ações, refletindo a sabedoria e o amor de Deus nas suas vidas.

3:15 Esta não é a sabedoria que vem do alto, mas é terrena, não espiritual, demoníaca.

Tiago critica um tipo de "sabedoria" que está enraizada no ciúme e na ambição egoísta, afirmando que ela não se origina do temor do Senhor (Tiago 3:15). Em vez disso, este tipo de sabedoria se alinha com os aspectos terrenos e naturais do mundo, desprovidos da influência sobrenatural do Espírito de Deus (Tiago 3:15). Tiago chega ao ponto de rotulá-lo como "demoníaco", comparando-o às características enganosas, hipócritas e malignas associadas à influência demoníaca (Tiago 3:15).

A distinção que Tiago traça destaca o contraste entre a sabedoria mundana, que prioriza o ganho e a ambição pessoais, e a verdadeira sabedoria que brota da reverência e da obediência a Deus (Tiago 3:15). Esta sabedoria mundana reflete os inimigos espirituais da humanidade – a saber, o mundo (terreno), a carne (natural) e o diabo (demoníaco) – que se opõem à verdade de Deus e afastam os indivíduos da fé e da justiça genuínas (Tiago 3:15). .

James enfatiza que a verdadeira sabedoria não é meramente acadêmica ou intelectual; é demonstrado através de atos justos e ações que refletem uma vida transformada pela verdade de Deus (Tiago 3:16). Ele desafia os crentes a buscarem sabedoria que transcenda os padrões mundanos, concentrando-se, em vez disso, na aplicação da verdade de Deus a todos os aspectos da vida, incorporando assim fé e obediência genuínas (Tiago 3:16).

O ensinamento de Tiago destaca a importância de discernir entre a sabedoria mundana movida pela ambição egoísta e a verdadeira sabedoria que emana de um temor reverente ao Senhor e se alinha com Seus princípios divinos. Chama os crentes a buscarem a sabedoria que leva à justiça e reflete diariamente o caráter de Deus.

3:16 Pois onde houver ciúme e ambição egoísta, haverá desordem e toda prática vil.

Tiago enfatiza que Deus, em Sua natureza e caráter, representa ordem e paz, não desordem ou comoção (Tiago 3:16; 1 Coríntios 14:33). Isto contrasta fortemente com a presença de "ciúme e ambição egoísta", que Tiago identifica como características que não se alinham com a sabedoria fornecida por Deus (Tiago 3:16).

O termo "desordem" (gr. akatastasia) denota um estado de confusão, tumulto ou instabilidade, que é antitético à natureza de Deus como fonte de ordem e paz, refletida em Sua criação (Gênesis 1) e em Seu governo sobre o universo (1 Coríntios 14:33). Deus se opõe a "toda coisa má" (1 João 1:5), incluindo as influências divisórias e destrutivas do ciúme e da ambição egoísta (Tiago 3:16).

Tiago adverte ainda contra o impacto prejudicial de indivíduos que, apesar da sua perspicácia intelectual e eloquência, semeiam discórdia e conflito dentro das comunidades e igrejas (Tiago 3:16). Tal comportamento , impulsionado pela sabedoria mundana enraizada no interesse próprio e no orgulho, é descrito como "diabólico" e não divino, alinhando-se mais com as intenções destrutivas de Satanás do que com a obra redentora de Deus (Tiago 3:16).

Assim, Tiago destaca a importância do discernimento da sabedoria que promove a unidade, a paz e a justiça — atributos que refletem o caráter de Deus — e da sabedoria que promove a divisão, o conflito e a ambição egoísta. Os crentes são chamados a buscar e incorporar a sabedoria que flui de um coração transformado pela verdade de Deus e caracterizado pela humildade, amor e compromisso com os propósitos de Deus (Tiago 3:16).

3:17 Mas a sabedoria do alto é pura, então pacífica, gentil, aberta à razão, cheia de misericórdia e de bons frutos, imparcial e sincera.

"A sabedoria do alto", conforme descrita por Tiago, incorpora várias características essenciais que a distinguem da sabedoria mundana e refletem a sua origem divina. Tiago descreve essas qualidades para ilustrar como a verdadeira sabedoria se alinha com a natureza de Deus e promove a justiça e a paz genuínas nos crentes e nas comunidades.

Em primeiro lugar, esta sabedoria é "pura" (Gr. hagnos), indicando que está livre de contaminação ou impureza moral (Tiago 3:17). Isso contrasta fortemente com as ambições egoístas e os ciúmes que caracterizam a sabedoria mundana (Tiago 3:16).

Em segundo lugar, a sabedoria do alto é "amante da paz" (gr. eirenikos); busca harmonia e unidade em vez de causar conflitos ou divisões (Tiago 3:17). Isto está alinhado com o desejo de Deus de que o Seu povo viva em paz uns com os outros e promova a reconciliação (Mateus 5:9).

Em terceiro lugar, é "gentil" (gr. epiekes), demonstrando uma atitude atenciosa e gentil para com os outros, evitando aspereza ou rigidez (Tiago 3:17). Esta gentileza reflete a natureza compassiva e paciente do próprio Deus (Salmo 145:8).

Em quarto lugar, esta sabedoria é "razoável" (Gr. eupeithes), indicando a sua abertura à razão e disposição para ceder à sabedoria e à verdade (Tiago 3:17). Não insiste obstinadamente em seu próprio caminho, mas é humilde e ensinável.

Em quinto lugar, é "cheio de misericórdia" (gr. eleos), demonstrando ativamente compaixão e perdão para com os outros de maneira prática (Tiago 3:17). Isto reflete a abundante misericórdia de Deus para com a humanidade e encoraja os crentes a estenderem a graça aos outros (Efésios 2:4).

Em sexto lugar, é "cheio de bons frutos" (gr. karpos), produzindo atos de justiça e atos de bondade que beneficiam os outros (Tiago 3:17). Isto enfatiza a operação prática da fé e do amor na vida dos crentes (Gálatas 5:22-23).

Em sétimo lugar, é "imparcial" (gr. adiakritos), sendo consistente e justo no tratamento dos outros, sem favoritismo ou preconceito (Tiago 3:17). Isto reflete a justiça e a imparcialidade de Deus no Seu trato com todas as pessoas (Romanos 2:11).

Por último, esta sabedoria é "sem hipocrisia" (gr. anupokritos), genuína e sincera nos seus motivos e ações, transparente e fiel às suas crenças professadas (Tiago 3:17). Chama os crentes a viverem de forma autêntica e honesta diante de Deus e dos outros (1 Pedro 1:22).

Tiago apresenta "a sabedoria do alto" como uma força transformadora que molda as atitudes, ações e relacionamentos dos crentes de acordo com os padrões divinos de pureza, paz, compaixão, justiça e sinceridade de Deus. Contrasta fortemente a sabedoria egocêntrica, divisiva e hipócrita do mundo, chamando os cristãos a buscar e incorporar a sabedoria de Deus em todos os aspectos da vida.

3:18 E uma colheita de justiça é semeada em paz por aqueles que promovem a paz.

James destaca a importância significativa do discurso, especialmente para aqueles comprometidos em espalhar a Palavra de Deus e promover a paz nas comunidades. Ele ensina que aqueles que pretendem cultivar a justiça devem fazê-lo por meios pacíficos, evitando palavras e ações que provoquem conflito ou divisão (Tiago 3:18).

O termo "justiça" aqui abrange tudo o que é certo e bom aos olhos de Deus, enfatizando a integridade moral e ética abrangente. Tiago exorta que esta justiça frutífera não pode florescer se for semeada em meio a discursos controversos ou inflamatórios, traçando paralelos com os ensinamentos de Paulo sobre como lidar com divergências dentro da igreja (1 Timóteo 5:1-2; 2 Timóteo 2:14, 24-26).

"A sabedoria do alto", conforme descrita por Tiago, prioriza a justiça e a paz, orientando os crentes a buscarem a reconciliação e a harmonia em suas interações (Tiago 3:17). Esta sabedoria promove um clima propício à produção do "fruto" da justiça – uma colheita marcada por obras de bondade e integridade (Tiago 3:18).

Tiago enfatiza que a fala cativante e edificante provém de um espírito sábio e culto, ressaltando a conexão entre a consideração e a capacidade de controlar a língua (Tiago 3:13-18). Ele lembra aos crentes que somente Deus pode domar a língua e transmitir a sabedoria para falar com graça e verdade.

Portanto, Tiago aconselha cautela ao assumir funções de ensino, destacando a responsabilidade que advém do uso de palavras que têm o poder de edificar ou de destruir (Tiago 3:1). Ele afirma que a verdadeira sabedoria, caracterizada pela humildade, graça e paz, origina-se somente de Deus e é essencial para um ministério frutífero e uma vida cristã genuína (Tiago 3:17-18).

Os ensinamentos de Tiago neste capítulo servem como um lembrete vital do impacto significativo das nossas palavras e da necessidade de alinhar o nosso discurso com a sabedoria do alto. Ao cultivar um espírito de humildade e procurar a paz, os crentes podem cumprir eficazmente a chamada de Deus e produzir a colheita frutífera de justiça nas suas vidas e comunidades.

Resumo do Capítulo 3

O capítulo 3 do Livro de Tiago aborda o tema do controle da língua e da sabedoria que vem do alto. Aqui está um resumo detalhado:

O Poder da Língua (Tiago 3:1-5a) : Tiago começa alertando contra o desejo de ser professor, pois eles serão julgados com mais rigor. Ele usa analogias para ilustrar o poder e o dano potencial da língua: um freio na boca de um cavalo controla o cavalo inteiro, um pequeno leme dirige um grande navio e uma pequena faísca pode incendiar uma floresta. Da mesma forma, embora pequena, a língua possui grande poder e deve ser cuidadosamente controlada.

O Problema da Língua Indomável (Tiago 3:5b-12) : Tiago destaca a natureza paradoxal da língua, que pode abençoar e amaldiçoar, louvar a Deus e caluniar os outros. Ele critica a inconsistência do uso da língua para adoração e discurso prejudicial. Ele compara a língua a uma fonte que produz água doce ou amarga, enfatizando que uma fonte pura não pode produzir água impura.

A Verdadeira Sabedoria e suas Características (Tiago 3:13-18) : Tiago contrasta a sabedoria terrena, caracterizada pelo ciúme, ambição egoísta e desordem, com a sabedoria celestial, que se manifesta em pureza, atitudes pacíficas, gentileza, razoabilidade, misericórdia, bondade. frutos, imparcialidade e sinceridade. Ele explica que a verdadeira sabedoria vinda do alto leva a uma colheita de justiça e promove a paz nos relacionamentos e nas comunidades.

A Fonte do Conflito (Tiago 4:1-3) : Tiago identifica a causa raiz dos conflitos e disputas entre os crentes: desejos egoístas e paixões desenfreadas que levam à inveja, à cobiça e às brigas. Ele argumenta que esses conflitos surgem porque as pessoas não pedem a Deus o que precisam ou pedem por motivos errados, buscando apenas satisfazer seus próprios prazeres.

O Chamado à Humildade e Submissão (Tiago 4:4-10) : Tiago repreende aqueles que são amigos do mundo, alertando-os sobre a inimizade entre a amizade com o mundo e a amizade com Deus. Ele pede arrependimento, humildade e submissão a Deus, exortando os crentes a se aproximarem Dele para que Ele se aproxime deles. Ele encoraja a tristeza genuína pelo pecado e a purificação dos corações da duplicidade de espírito .

Advertência contra a arrogância (Tiago 4:11-17) : Tiago admoesta falar mal uns contra os outros e julgar os outros, enfatizando que somente Deus é o verdadeiro juiz. Ele alerta sobre a ostentação e a arrogância de fazer planos sem reconhecer a soberania de Deus sobre o futuro. Ele conclui afirmando a necessidade da humildade, da confiança na vontade de Deus e da obediência que decorre da fé.

Temas chave :

- **Controle da Língua** : O capítulo enfatiza a importância de controlar a fala e usar a língua para edificação e não para destruição.
- **Sabedoria do Alto** : Tiago contrasta a sabedoria terrena (egoísta e desordenada) com a sabedoria celestial (pura, pacífica e justa).
- **Conflito e Humildade** : Tiago aborda as causas profundas do conflito dentro da comunidade e apela à humildade, submissão a Deus e arrependimento.
- **A Soberania de Deus e a Responsabilidade Humana** : Tiago destaca o equilíbrio entre reconhecer a soberania de Deus e exercer uma administração responsável das próprias ações e palavras.

Tiago 3 serve como uma exortação significativa para viver com sabedoria, falar com responsabilidade e cultivar a paz e a justiça nos relacionamentos, guiados pela sabedoria que vem de Deus.

Capítulo 3 Oração

Pai do Céu,

Chegamos diante de Ti com corações humilhados pela Tua Palavra. Você nos mostrou através de Tiago o poder e o dano potencial da língua, e confessamos que muitas vezes deixamos de controlar a nossa fala. Perdoe-nos, Senhor, porque usamos nossas palavras para prejudicar os outros, fofocar, nos gabar ou falar sem levar em conta a Sua sabedoria.

Conceda-nos, ó Deus, a sabedoria do alto. Que nossas línguas sejam instrumentos da Tua paz, falando palavras de encorajamento, bondade e verdade. Ajude-nos a aproveitar o poder de nossas palavras para edificar outras pessoas e glorificar o Seu nome. Ensina-nos a ser rápidos em ouvir, lentos em falar e lentos em ficar com raiva, refletindo Seu caráter em nossas interações com os outros.

Pai, elimine qualquer ciúme, ambição egoísta ou orgulho que possa permanecer em nossos corações. Substitua isso por humildade e um desejo genuíno de justiça. Ajude-nos a procurar a paz nas nossas relações e comunidades, esforçando-nos por semear sementes de unidade e compreensão.

Que sempre nos lembremos de que nossa sabedoria e compreensão vêm somente de você. Guie-nos em todas as decisões e conversas para que possamos honrá-lo em tudo o que dizemos e fazemos.

Em nome de Jesus, oramos, Amém.

Capítulo 3 Perguntas

O que Tiago enfatiza como aspecto crucial da maturidade cristã no Capítulo 3?

De acordo com James, por que alguém deveria aspirar a ser professor na igreja?

Que ilustrações Tiago usa para ilustrar o poder da língua?

Que analogia Tiago usa para descrever como a língua pode desencadear consequências significativas?

Que contraste Tiago traça entre as capacidades da língua e o seu potencial para causar danos?

De acordo com Tiago, que tipo de sabedoria é terrena e demoníaca?

Quais são as características da sabedoria do alto, conforme descrita por Tiago?

Como Tiago conecta a sabedoria com a pacificação?

O que Tiago alerta sobre os perigos da fala descontrolada?

Que princípio espiritual Tiago enfatiza com relação ao poder da língua?

Como Tiago usa analogias da natureza para ilustrar seus argumentos sobre a língua?

Por que Tiago alerta contra procurar ser professor?

De acordo com Tiago, quais são algumas características da sabedoria terrena?

Qual é o papel da língua na discussão de Tiago sobre fé e ações?

Como Tiago descreve a natureza da língua?

Que conselho Tiago dá aos que desejam ser professores?

Como James conecta sabedoria com comportamento?

De acordo com Tiago, quais são os frutos da sabedoria do alto?

A que Tiago compara a língua em relação ao seu potencial de dano e influência?

Como o ensino de Tiago sobre a língua se relaciona com temas mais amplos da vida cristã?

Tiago Capítulo 4:1-17

Alerta contra o mundanismo

Neste capítulo, Tiago fornece orientação para promover a paz entre os crentes, enfatizando a harmonia com Deus, com os outros e consigo mesmo. Este tema se alinha estreitamente com os ensinamentos anteriores do capítulo 1 (cf. Tiago 4:6 com 1:5, 21; 4:8b com 1:6-8, 15, 21, 27; 4:9-10 com 1:21).

Tiago 4 continua a discussão sobre o conflito, expandindo o seu foco para além dos professores mencionados em 3:14 para incluir toda a comunidade que luta com questões semelhantes. Ele identifica que os conflitos surgem de desejos internos (versículos 1-3) e são exacerbados por influências mundanas. Tiago destaca a impossibilidade de amar simultaneamente o mundo e a Deus (versículos 4-6), exortando os cristãos a resistirem ao diabo e a aproximarem-se de Deus (versículos 7-10). Este capítulo serve, portanto, como um guia prático para lidar com conflitos interpessoais dentro da comunidade cristã e, ao mesmo tempo, aprofundar o relacionamento com Deus.

4:1 O que causa brigas e o que causa brigas entre vocês? Não é por isso que suas paixões estão em guerra dentro de você?

Tiago começa este capítulo abordando uma questão prática enfrentada pelos seus leitores: conflitos e brigas entre os crentes. Tendo anteriormente enfatizado a importância de evitar conflitos e promover a paz (Tiago 3:14-16, 13, 17-18), Tiago confronta agora a realidade da discórdia dentro da comunidade cristã.

Tiago refere-se a disputas internas e divisões entre irmãos cristãos, não a guerras externas. A ausência do seu habitual endereço caloroso, "irmãos e irmãs" (encontrado em 1:2; 2:1; 3:1) nesta seção poderia indicar a seriedade do assunto em questão (versículo 13). Alguns estudiosos sugerem que esta omissão pode evitar a repetição ou destacar a gravidade dos pecados discutidos, levando alguns a especular se Tiago dirigiu esta exortação apenas aos judeus incrédulos. No entanto, o uso consistente de "irmãos e irmãs" por Tiago ao longo da epístola sugere que ele se dirige a irmãos cristãos em todas as seções.

A mudança abrupta da imagem serena da sabedoria vinda do alto (Tiago 3:17-18) para a dura realidade do conflito mundano (Tiago 4:1-12) destaca a necessidade urgente da forte repreensão de Tiago contra o mundanismo. Este espírito mundano tem historicamente atormentado a igreja de várias formas sutis. Tiago delineia estas manifestações: conflitos egoístas entre os crentes (4:1-12), auto-suficiência presunçosa no planejamento de negócios (4:13-17), reações impróprias à injustiça (5:1-11) e o uso indevido de juramentos para propósitos egoístas (5:12).

Em suma, as exortações de Tiago neste capítulo são um lembrete agudo dos perigos do mundanismo e da importância crítica de manter a paz e a unidade dentro da comunidade cristã, fundamentada na sabedoria celestial e não nos desejos terrenos.

James distingue entre "brigas" (grego: polemoi , guerras) e "conflitos" (grego: machoi , batalhas) ao abordar tanto disputas em grande escala entre muitos indivíduos quanto tensões menores dentro ou entre algumas pessoas. Ele identifica ambos os tipos de conflito como prejudiciais à paz dentro da comunidade. A frase "entre vós" é uma advertência geral dirigida a todos os leitores, destacando a natureza universal destas questões entre os crentes.

James aponta os "prazeres" como a causa raiz desses conflitos usando uma pergunta retórica. Aqui, "prazeres" referem-se a desejos realizados, que James compara a um exército sitiante atacando indivíduos. Em vez de esses desejos entrarem em conflito entre si dentro de um crente, Tiago enfatiza que eles atacam coletivamente o indivíduo. Isto contrasta com o equívoco comum de que as circunstâncias externas causam principalmente conflitos; Tiago atribui sua origem aos desejos internos (versículo 2).

A busca pela satisfação pessoal é um tema difundido na cultura humana, onde as pessoas investem tempo, dinheiro e energia significativos na realização dos seus desejos (cf. Lucas 8:14; Tito 3:3). Tiago desafia os crentes a avaliarem se os seus recursos são direcionados principalmente para a satisfação de desejos egoístas ou para o alinhamento com os desejos de Deus (Mateus 6:33a). Embora os desejos egoístas sejam inerentes à natureza humana e continuem a exercer influência, James afirma que eles não devem dominar as nossas vidas; antes, os desejos de Deus deveriam ter precedência.

Na sociedade contemporânea, a glorificação da autogratificação é generalizada, mesmo entre os cristãos. O ensinamento de Tiago exorta os crentes a priorizarem os desejos de Deus em detrimento das atividades egoístas, reconhecendo que tal alinhamento interno promove a paz e a harmonia dentro da comunidade cristã.

4:2 Você deseja e não tem, então você mata. Você cobiça e não consegue obter, então você briga e discute. Você não tem porque não pede.

James destaca as graves consequências do desejo desenfreado, observando que a manifestação final da luxúria desenfreada pode levar ao "assassinato" metafórico. Este conceito pode ser visto ao longo da história, desde o ato de Caim de matar Abel (Gênesis 4) até os pecados de Davi (2 Samuel 11) e Acabe (1 Reis 21), e continua a ser relevante hoje. Embora James provavelmente não estivesse acusando seus leitores de assassinato literal, ele usa esse exemplo extremo para destacar os resultados destrutivos de viver apenas para satisfazer desejos egoístas.

No contexto da linguagem contundente de James, como "guerras" e "batalhas", faz sentido interpretar "você mata" (phoneuete) como uma hipérbole para ódio intenso. Esta interpretação alinha-se com ensinamentos semelhantes em Mateus 5:21-22 e 1 João 3:15, que equiparam o ódio ao assassinato. Assim, James sugere que desejos não satisfeitos muitas vezes levam a conflitos e disputas individuais.

A cobiça e a inveja, conforme descritas no texto de Tiago, freqüentemente resultam em conflitos e discórdias. Quando os desejos permanecem insatisfeitos, os indivíduos recorrem frequentemente a discussões e brigas. Este ciclo ilustra como cobiçar o que os outros têm ou invejar as suas posições gera descontentamento e conflito relacional.

Tiago propõe uma solução: pedir a Deus o que é necessário, em vez de lutar egoisticamente. Ele enfatiza a importância da oração para obter satisfação e bênçãos de Deus. Este ensino se alinha com outras passagens bíblicas (por exemplo, Lucas 11:5-13) encorajando os crentes a buscarem a provisão de Deus através da oração.

Tiago retrata Deus como a fonte última de todas as coisas boas, convidando os crentes a se aproximarem dele em oração pelas suas necessidades. Negligenciar isso, sugere James, é o mesmo que ignorar um tesouro valioso depois de revelado. Assim, ele exorta seus leitores a buscarem ativamente a orientação e a provisão de Deus por meio da oração, reconhecendo que a verdadeira realização vem do alinhamento dos desejos de alguém com a vontade de Deus.

4:3 Você pede e não recebe, porque pede de forma errada, para gastar em suas paixões.

Geralmente oramos a Deus com pedidos que se alinham mais com nossos desejos egoístas do que com a Sua vontade. Tiago destaca a importância de examinarmos os nossos motivos quando oramos, alertando contra pedir coisas simplesmente para satisfazer ambições ou prazeres pessoais que podem não estar alinhados com os propósitos de Deus para nós. Em vez disso, Tiago encoraja os crentes a buscarem em Deus um desejo maior por aquilo que Ele promete e ordena, alinhando assim os nossos corações com a Sua vontade (cf. Mateus 7:7-11).

De acordo com James, a oração não deve ser reduzida a uma mera fórmula ou ritual onde dizer as palavras certas ou reunir fé suficiente garante o resultado desejado. Tal abordagem reduziria a oração a uma forma de manipulação ou a um meio de impor a nossa vontade a Deus, o que contradiz a ênfase do Novo Testamento na oração como uma relação enraizada na confiança. A oração genuína deriva de uma profunda confiança em Deus como nosso Pai, cuja vontade soberana supera os nossos desejos.

No contexto do ministério cristão, os ensinamentos de Tiago sobre a oração também desafiam os crentes, especialmente os ministros, a priorizarem a vontade de Deus sobre as preferências pessoais ou as expectativas dos outros. Ele critica cenários onde as atividades ministeriais podem ser justificadas como "acertar as prioridades". Ainda assim, ele poderia resultar da autogratificação, em vez do verdadeiro serviço a Deus e ao Seu povo. Seja dedicando-se ao cuidado ativo dos enfermos, ao evangelismo intensivo ou concentrando-se apenas na preparação de sermões, a chave está em discernir e alinhar-se com a liderança de Deus, em vez de cumprir paixões ou ambições pessoais.

Em última análise, Tiago chama os crentes a abordarem a oração com um desejo sincero de buscar a vontade de Deus, reconhecendo que a verdadeira realização e eficácia no ministério vêm do alinhamento dos nossos desejos com os Seus propósitos divinos.

4:4 Pessoas adúlteras! Você não sabe que a amizade com o mundo é inimizade com Deus? Portanto, quem quiser ser amigo do mundo torna-se inimigo de Deus.

A questão central de James é escolher entre amar "Deus" ou amar "o mundo". O conceito de "mundo", na sua forma mais simples, refere-se ao ambiente natural em que cada pessoa entra ao nascer e sai ao morrer. Abrange os aspectos visíveis e temporais da vida que os nossos sentidos percebem, em contraste com as realidades invisíveis e eternas (cf. 1 João 2:15-17).

"O mundo", como Tiago o descreve, promove o amor próprio e prioriza os prazeres pessoais (Tiago 4:3) sobre os desejos de Deus. Ao se alinharem com esta mentalidade mundana, os indivíduos agem de forma infiel para com Deus, o que equivale a serem noivas espirituais infiéis ao Senhor. Tal alinhamento com os valores mundanos posiciona alguém como inimigo de Deus, pois envolve uma escolha deliberada de seguir os desejos mundanos em vez da vontade de Deus (Mateus 6:24). Tiago deixa claro que é impossível manter um relacionamento amigável com Deus e ao mesmo tempo abraçar a filosofia do mundo.

Contrariamente, Deus convida os crentes a incluí-Lo em todos os aspectos da vida porque Ele está inerentemente entrelaçado com toda a existência . Fora Dele, nada pode ser verdadeiramente realizado (João 15:5). Portanto, Tiago destaca que aqueles que buscam o sucesso mundano como objetivo principal não podem manter simultaneamente uma amizade com Deus. A busca de objetivos mundanos muitas vezes afasta os indivíduos da vontade e da presença de Deus, promovendo uma desconexão espiritual e dificultando a intimidade genuína com Ele.

Tiago incentiva os crentes a priorizarem conscientemente amar e obedecer a Deus acima de tudo ou sucumbir aos desejos e valores mundanos. Esta escolha molda fundamentalmente a jornada espiritual e o relacionamento com Deus, determinando se a pessoa caminha em alinhamento com Seu propósito divino ou se afasta ainda mais em alienação espiritual.

4:5 Ou você acha que é em vão que a Escritura diz: "Ele anseia zelosamente pelo espírito que fez habitar em nós"?

No discurso de Tiago, ele apoia a sua afirmação do versículo 4 sobre as consequências espirituais de amar o mundo, aludindo aos ensinamentos bíblicos sobre o ciúme de Deus. Em vez de citar diretamente um versículo específico, Tiago resume o tema bíblico mais amplo encontrado em passagens como Êxodo 20:5; 34:14, Salmos 42:1; 84:2 e Zacarias 8:2, enfatizando o zelo de Deus pela devoção de Seu povo.

A tradução de Tiago 4:5 é matizada, mas geralmente entendida como transmitindo a ideia de que "Deus anseia zelosamente pelo espírito que Ele fez viver em nós". Isso também poderia ser parafraseado como "O Espírito que Ele fez habitar em nós anseia zelosamente por toda a devoção do coração". Esta interpretação alinha-se bem com o contexto anterior, onde Tiago acusa aqueles que amam o mundo de cometerem adultério espiritual contra Deus (versículo 4), contrastando-a com o Espírito de Deus desejando apaixonadamente um compromisso sincero por parte do Seu povo.

A frase grega pros phthonon , traduzida como "ciúme", transmite inveja e zelo em guardar algo precioso. O verbo epipothei enfatiza ainda mais o anseio ou anseio intenso. Juntas, essas expressões retratam vividamente o Espírito de Deus desejando fervorosamente a lealdade e o afeto indivisos dos crentes, semelhante às imagens encontradas em outras passagens do Novo Testamento, como Romanos 8:11, 1 Coríntios 3:16, Gálatas 4:6, Efésios 4:30. e João 7:39; 16:7.

Neste versículo, algumas interpretações sugerem erroneamente que nosso espírito humano é alvo de ciúme e saudade. Ainda assim, contextual e gramaticalmente, fica claro que Tiago se refere ao Espírito de Deus.

Tiago emprega referências do Antigo Testamento sobre o ciúme de Deus para destacar a seriedade da infidelidade espiritual. Os crentes que priorizam os desejos mundanos sobre a vontade de Deus correm o risco de alienar-se Dele, pois Deus, através do Seu Espírito, deseja apaixonadamente e merece a sua completa devoção. Portanto, Tiago desafia seus leitores a alinharem seus afetos com os desejos de Deus, reconhecendo que a amizade com o mundo constitui inimizade para com Deus e infidelidade espiritual.

4:6 Mas ele dá mais graça. Portanto, diz: "Deus se opõe aos orgulhosos, mas dá graça aos humildes".

Deus estabelece um alto padrão de amor e devoção sinceros para o Seu povo, esperando que eles priorizem os Seus desejos acima dos seus próprios. Esse padrão se reflete em vários textos, inclusive Provérbios 3:34, ao qual Tiago alude em sua carta. O versículo contrasta a resposta de Deus aos orgulhosos, aos quais Ele se opõe, com Seu favor para com os humildes, a quem Ele concede graça.

Para aqueles que buscam prazeres egoístas e priorizam os desejos mundanos, caracterizados pelo orgulho e pela autossuficiência, Deus se opõe às suas ações e atitudes. Esta oposição significa Sua desaprovação e resistência àqueles que não estão alinhados com Sua vontade e princípios.

Por outro lado, Deus estende graça abundantemente aos humildes. Neste contexto, a humildade envolve reconhecer a dependência de Deus e priorizar os Seus desejos sobre as ambições e prazeres pessoais. A graça de Deus capacita os humildes a resistir aos desafios colocados pelas tentações internas (a carne) e pelas pressões externas do mundo.

Esta graça não é meramente passiva, mas ativa, proporcionando assistência , força e recursos espirituais para enfrentar os desafios da vida de uma maneira que honre a Deus. Permite aos crentes resistir à sedução dos desejos egoístas e viver de acordo com os propósitos de Deus. Assim, embora Deus mantenha o Seu padrão de devoção sincera, Ele também fornece os meios – através da Sua graça – para o Seu povo cumprir esse padrão, permitindo-lhes viver em alinhamento com a Sua vontade e experimentar o Seu poder transformador nas suas vidas.

4:7 Sujeitem-se, portanto, a Deus. Resista ao diabo e ele fugirá de você.

Tiago emite dez comandos decisivos nos versículos 7 a 10, usando imperativos aoristos gregos que se assemelham a ordens militares. Estes imperativos destacam a posição séria de Tiago contra a duplicidade de espírito entre os crentes.

Em primeiro lugar, Tiago instrui os crentes a "submeterem-se" a Deus com humildade. Esta submissão vai além da mera obediência; implica alinhar as nossas prioridades com as de Deus, entregar a nossa vontade à Sua e comprometer-nos a cumprir os Seus desejos em vez de perseguir ambições egoístas.

Em segundo lugar, Tiago exorta os crentes a "resistir" vigorosamente a Satanás. Baseando-se nos ensinamentos de 1 Pedro 5:9, resistir a Satanás envolve opor-se firmemente às suas tentações e esquemas. As principais táticas de Satanás incluem induzir dúvida, negação, desrespeito e desobediência à Palavra de Deus, como evidenciado em suas interações com figuras como Eva e Jesus (cf. Gênesis 3; Mateus 4). Os crentes podem resistir à influência do diabo rejeitando firmemente estas tentações.

Refletindo sobre a guerra espiritual, Martinho Lutero aconselhou sabiamente contra discutir com o Diabo, notando sua vasta experiência e astúcia. A visão de Lutero destaca a importância de não subestimar as táticas de Satanás, mas, em vez disso, confiar na força e na sabedoria de Deus para resistir aos seus esquemas.

As ordens de Tiago enfatizam a necessidade de os crentes tomarem medidas decisivas nas suas vidas espirituais: submetendo-se totalmente à vontade de Deus com humildade e resistindo firmemente às tentativas de Satanás para os desviar. Esta postura ativa garante que os crentes mantenham um relacionamento fiel e alinhado com Deus, capacitados pela Sua graça para navegar pelos desafios e conflitos que surgem na sua jornada espiritual.

4:8 Aproxime-se de Deus, e ele se aproximará de você. Limpem suas mãos, pecadores, e purifiquem seus corações, seus indecisos.

Tiago enfatiza não apenas a importância de resistir a Satanás, mas também de se aproximar de Deus. Esta dupla ação é essencial para os crentes que procuram aprofundar o seu relacionamento com Deus e manter a pureza espiritual.

Aproximar-se de Deus envolve uma abordagem deliberada em direção a Ele. Tiago usa a imagem de "aproximar-se" para significar um relacionamento próximo e íntimo com Deus. Tiago nos assegura que Deus retribui aproximando-se de nós quando nos aproximamos de Deus dessa maneira. Esta proximidade com Deus reflecte a relação que os sacerdotes em Israel tinham quando se aproximavam de Deus no Tabernáculo ou no templo, enfatizando a necessidade de pureza e santidade.

Para se aproximarem eficazmente de Deus, os crentes devem passar por um processo de purificação. Este processo abrange tanto ações externas ("limpar as mãos") quanto atitudes internas ("purificar os corações"). "Limpar as mãos" simboliza o arrependimento e o afastamento de comportamentos pecaminosos, enquanto "purificar os nossos corações" envolve confessar e abordar os motivos e desejos internos que podem estar divididos ou impuros.

Tiago destaca a importância da confissão e do arrependimento como elementos-chave deste processo de purificação, ecoando os princípios encontrados em 1 João 1:9. Ao confessar os nossos pecados e arrepender-nos deles, removemos as barreiras que impedem o nosso relacionamento com Deus e purificamos os nossos corações de qualquer duplicidade ou lealdades divididas.

Em última análise, Tiago chama os crentes a abraçarem a obstinação – um foco singular em viver somente para a glória de Deus, em vez de ficarem divididos entre perseguir a vontade de Deus e satisfazer desejos egoístas. Esta unicidade de propósito alinha os nossos corações e ações com os desejos de Deus, promovendo um relacionamento mais próximo e íntimo com Ele à medida que nos aproximamos em pureza e devoção.

4:9 Sejam miseráveis, chorem e chorem. Transforme o seu riso em luto e a sua alegria em tristeza.

A exortação de Tiago aos seus leitores, que tinham compromissos com o mundo e eram vacilantes, foi um apelo a reconciliar a sua relação com Deus. Ele os exortou a abandonarem suas lealdades divididas e a priorizarem a vontade de Deus acima dos desejos egoístas .

É importante notar que Tiago não estava defendendo um estado perpétuo de miséria ou tristeza constante entre os cristãos. Em vez disso, ele salientou que o verdadeiro arrependimento muitas vezes envolve uma mudança visível no comportamento e na atitude exteriores. As expressões de "luto", "choro" e "tristeza" simbolizam o arrependimento genuíno, pois refletem uma profunda tristeza pelos pecados passados e um afastamento sincero de um estilo de vida anterior marcado por concessões e pecado.

Em Mateus 5:3-4, Jesus fala de forma semelhante daqueles que são "pobres de espírito" e "choram", indicando uma humildade espiritual e uma tristeza genuína pelo pecado. Estas atitudes não têm a ver com tristeza perpétua, mas com um reconhecimento sincero da pobreza espiritual e um desejo profundo pela justiça de Deus.

A ênfase de James em abandonar o riso e a alegria na busca de desejos egoístas não significa rejeitar toda alegria ou felicidade na vida. Em vez disso, destaca a necessidade de priorizar a integridade espiritual e o alinhamento com a vontade de Deus em detrimento dos prazeres mundanos passageiros. A verdadeira alegria e realização vêm de viver em harmonia com Deus e Seus propósitos, e não de se entregar a atividades egoístas que nos afastam Dele.

Portanto, o apelo de Tiago ao arrependimento e à devoção obstinada a Deus encoraja os crentes a encontrar alegria e paz duradouras num relacionamento renovado com Ele, caracterizado por uma busca genuína pela justiça e por um coração e mente transformados.

4:10 Humilhai-vos diante do Senhor, e ele vos exaltará.

Tiago conclui seu conselho direto nos versículos 7-10 reiterando o tema central da humildade diante de Deus. Ele exorta seus leitores a se humilharem na presença de Deus, priorizando Sua vontade sobre seus desejos. Este ato de humildade traz bênçãos imediatas e prepara o terreno para a obra contínua de Deus e eventual exaltação.

O princípio de Deus elevar os humildes é um tema recorrente em todas as Escrituras. O próprio Jesus ensinou que aqueles que se humilham serão exaltados (Mateus 18:4; 23:12; Lucas 14:11; 18:14), e Pedro repetiu esse ensino em sua carta (1 Pedro 5:6). A humildade, neste contexto, envolve reconhecer a dependência de Deus, submeter-se à Sua autoridade e alinhar a vida com os Seus propósitos.

A jornada de Ralph Bell ilustra o poder transformador da humildade e a graça de Deus. Enfrentando discriminação e insultos raciais, Bell lutou profundamente. No entanto, ele voltou-se para a fé e procurou o conselho de sua mãe, que o encorajou a fixar os olhos em Jesus. Ao humilhar-se diante de Deus, Bell encontrou força e graça para perdoar aqueles que o maltrataram e para superar sentimentos de ódio.

A experiência de Bell exemplifica o ensino de James em termos práticos. Bell encontrou paz interior e cura humilhando-se e confiando na graça de Deus. Ele também ganhou a habilidade de amar seus inimigos – um ato sobrenatural tornado possível através da obra transformadora de Deus em seu coração.

O chamado de Tiago à humildade é confiar na sabedoria e soberania de Deus, sabendo que Ele recompensa aqueles que O buscam com um coração sincero e humilde. Através da humildade, os crentes encontram força, graça e a capacidade de viver o amor e os propósitos de Deus num mundo destruído.

4:11 Irmãos, não falem mal uns dos outros. Quem fala contra um irmão ou julga seu irmão fala mal contra a lei e julga a lei. Mas se você julga a lei, você não é um cumpridor da lei, mas um juiz.

James aborda outro aspecto crítico do conflito interpessoal e do comportamento ético entre os crentes e todas as pessoas. Ele enfatiza o perigo de criticar os outros, destacando como tal comportamento não só reflete o egoísmo, mas também coloca o crítico numa posição de julgamento sobre os outros, contrariamente à lei de Deus.

Em Tiago 4:11, o termo "falar mal" ou "falar contra" (Gr. katalaleo) refere-se a falar depreciativamente ou difamar outra pessoa, especialmente outro cristão. Ao se engajar na crítica, uma pessoa afirma implicitamente sua própria superioridade ou correção sobre aquele que critica, assumindo efetivamente o papel de juiz. Este ato contradiz o mandamento de Deus contra julgar os outros (cf. Levítico 19:15-18; Mateus 7:1).

Tiago conecta esse comportamento a um princípio ético mais amplo, fundamentado na lei de Deus. Quando os indivíduos criticam os outros, violam os princípios do respeito mútuo e da humildade e minam a autoridade de Deus, o único que tem o direito de julgar. Em vez de se exaltar, Tiago defende a submissão e o respeito mútuos entre os crentes (por exemplo, Gálatas 5:13; Efésios 5:21; Filipenses 2:3), o que promove a unidade e reflete a humildade semelhante à de Cristo.

As implicações do ensinamento de Tiago vão além das relações interpessoais dentro da comunidade eclesial ("uns aos outros") para abranger todas as interações humanas ("seu próximo", v. 12). A sua admoestação destaca a importância de respeitar a autoridade de Deus na nossa conduta para com os outros, preservando assim a harmonia e defendendo os princípios de justiça enraizados na lei de Deus.

Na sociedade contemporânea, onde prevalecem as atitudes críticas e de julgamento, a mensagem de James continua relevante. Convida os indivíduos a examinarem as suas motivações e ações, exortando-os a alinharem-se com os padrões de amor, humildade e respeito de Deus pelos outros, que em última análise refletem a reverência pela autoridade de Deus e promovem relacionamentos sociais saudáveis.

4:12 Existe apenas um legislador e juiz que pode salvar e destruir. Mas quem é você para julgar o seu próximo?

Tiago enfatiza a importância de abster-se de críticas de julgamento em relação aos outros, destacando que a autoridade final para o julgamento pertence exclusivamente a Deus, o único Legislador e Juiz. Embora os governos humanos, os líderes da igreja e os pais possam ter delegado autoridade para julgar certas ações ou comportamentos dentro dos seus respetivos domínios, Tiago adverte contra a usurpação da autoridade divina ao emitir julgamentos condenatórios sobre outros.

Em Tiago 4:11-12, ele destaca que criticar ou falar contra irmãos crentes sem autorização divina é inapropriado e contraproducente. James defende a humildade e o respeito mútuo, em vez de assumir o papel de juiz sobre os outros. Os cristãos, guiados pelo Espírito, devem procurar restaurar e apoiar aqueles que tropeçam, seguindo o princípio do amor e da reconciliação (Gálatas 6:1).

A crítica dos outros é uma inclinação humana comum. Ainda assim, Tiago lembra aos crentes a sua responsabilidade perante Deus, o único que tem o direito final de julgar. Esta perspectiva alinha-se com os ensinamentos de outras partes das Escrituras (Romanos 14:1-13), enfatizando a responsabilidade mútua e a humildade diante de Deus. A referência a Deus como Juiz último nos ensinamentos de Tiago lembra-nos que as nossas acções para com os outros devem reflectir o respeito pela sua dignidade e a nossa necessidade de graça.

A mensagem de advertência de Tiago não exclui a crítica construtiva ou a correção num espírito de amor e restauração. Em vez disso, adverte contra a arrogância de emitir um julgamento final sobre os outros, o que pertence exclusivamente a Deus. Em última análise, o princípio não é condenar, mas procurar a reconciliação e o crescimento dentro da comunidade de crentes, reconhecendo que todos estamos em pé de igualdade perante o tribunal de Deus (Mateus 7:2). Assim, Tiago incentiva um espírito de humildade e graça em nossas interações, refletindo o amor e a misericórdia de nosso Pai celestial.

Vangloriando-se do amanhã

Tiago continua sua epístola abordando um problema prático enraizado no egocentrismo e ampliando suas implicações para a vida diária. Tendo já identificado o egocentrismo como fonte de conflitos interpessoais e internos e alertado contra o julgamento inadequado dos outros, James ilustra agora a natureza de uma vida egocêntrica. Ele pretende ajudar seus leitores a reconhecer claramente a raiz subjacente desta questão.

Em Tiago 4:13-17, ele começa com um exemplo de planejamento e ambição arrogantes, condenando a arrogância inerente a tais declarações autoconfiantes (v. 13-14). Tiago então fornece orientação prática sobre como abordar o planejamento e a ambição de uma forma que se alinhe com a vontade de Deus (vv. 15-17).

Esta seção da epístola de Tiago serve não apenas para abordar comportamentos específicos, como vangloriar-se de planos futuros , mas também para destacar um princípio mais amplo: viver com consciência da soberania de Deus e submeter os planos à Sua orientação. Tiago encoraja a humildade e a dependência de Deus em todos os aspectos da vida, destacando a loucura de presumir o futuro sem considerar a vontade de Deus.

Assim, Tiago deixa de abordar os conflitos decorrentes de atitudes egocêntricas e passa a fornecer sabedoria prática ao abordar as incertezas da vida com um humilde reconhecimento da autoridade e orientação de Deus. Esta mudança destaca a preocupação pastoral de Tiago em equipar os seus leitores com sabedoria prática enraizada na fé e na humildade, direcionando, em última análise, o seu foco para uma vida que honre a Deus e não a si mesmo.

4:13 Vinde agora, vós que dizeis: "Hoje ou amanhã iremos a tal ou tal cidade, e passaremos lá um ano, negociando e tendo lucro" —

Tiago, semelhante aos profetas do Antigo Testamento, adota um tom de confronto ao se dirigir ao seu público. Ele começa convocando-os com a frase "Venham agora", um artifício retórico que lembra os chamados de atenção dos profetas (cf. Isaías 1:18 e outros textos proféticos). Em Tiago 4:13-17, ele pinta um quadro vívido, provavelmente baseado no contexto cultural de sua época, para ilustrar um cenário envolvendo um comerciante judeu viajante, uma figura emblemática da prosperidade da classe média na antiga sociedade judaica.

Durante a era de Tiago, os comerciantes judeus prevaleciam, e é plausível que alguns de seu público fossem judeus cristãos envolvidos em tais atividades comerciais. Os planos do indivíduo na ilustração de Tiago, envolvendo empreendimentos comerciais e viagens futuras, não são inerentemente pecaminosos ou totalmente condenados por Tiago. Em vez disso, James critica a atitude subjacente de autoconfiança e presunção que muitas vezes acompanha tal planeamento.

A crítica de James não ataca o ato de planejar em si. Ainda assim, desafia os motivos subjacentes e a mentalidade que podem acompanhar esses esforços voltados para o futuro. A confiança arrogante do comerciante sobre o sucesso futuro dos negócios e a sua presunção sobre a certeza de alcançar os seus planos sem reconhecer a soberania de Deus são os pontos focais da admoestação de Tiago.

Tiago usa esta ilustração não para denunciar o planeamento empresarial ou a ambição, mas para alertar contra a arrogância da auto-suficiência e a negligência do papel providencial de Deus na vida de alguém. Ele pretende encorajar a humildade e reconhecer adequadamente a soberania de Deus em todos os aspectos da vida, incluindo planos e ambições futuras . Assim, Tiago emprega esta narrativa para destacar a necessidade de uma abordagem equilibrada que inclua a confiança na orientação de Deus e a submissão à Sua vontade em todos os empreendimentos.

4:14 **ainda você não sabe o que o amanhã trará. Qual é a sua vida? Pois você é uma névoa que aparece brevemente e depois desaparece.**

Tiago destaca um descuido crítico na abordagem do comerciante: sua falha em considerar a imprevisibilidade da vida e sua total dependência da providência de Deus. Este tema ressoa com os ensinamentos de Jesus, como em Lucas 12:18-20, onde os planos de um homem rico são frustrados pela sua morte súbita e pela negligência das prioridades eternas. Da mesma forma, João 15:5 enfatiza a necessidade dos crentes de permanecerem em Cristo, reconhecendo a sua dependência Dele em todos os aspectos da vida.

Refletir sobre a certeza do retorno de Cristo, conforme ensinado nas Escrituras, proporciona uma mudança significativa de perspectiva. A antecipação da segunda vinda de Cristo deveria influenciar profundamente a forma como os cristãos vivem no presente. Serve como um lembrete para priorizar os valores eternos em detrimento das conquistas temporárias e para alinhar os planos e ambições com a vontade de Deus.

A questão colocada – até que ponto o conhecimento do retorno iminente de Cristo molda a vida de uma pessoa – é crucial. Desafia os crentes a transcender a perspectiva limitada das circunstâncias atuais e das experiências passadas. Em vez disso, os cristãos são chamados a ser motivados pela certeza do regresso de Cristo, promovendo um estilo de vida caracterizado pela fidelidade, pela preparação e por uma confiança profunda no plano soberano de Deus.

A ilustração do comerciante feita por Tiago destaca a necessidade de uma perspectiva espiritual que incorpore humildade, dependência de Deus e uma perspectiva voltada para o futuro moldada pela verdade do retorno iminente de Cristo. Esta perspectiva protege contra a autossuficiência e a arrogância e promove uma vida que honra a Deus em todos os aspectos, incluindo os planos e aspirações da pessoa.

4:15 **Em vez disso, vocês deveriam dizer: "Se o Senhor quiser, viveremos e faremos isto ou aquilo".**

O comerciante da ilustração de Tiago deveria ter abordado o seu planejamento com uma dependência consciente de Deus, reconhecendo Seu controle soberano sobre todos os aspectos da vida. Este princípio ecoa em todo o Novo Testamento, onde várias passagens destacam a importância de alinhar os planos com a vontade de Deus.

A frase latina "deo volente", que significa "se Deus quiser" e muitas vezes abreviada como DV, reflete este princípio bíblico e continua a ser usada por alguns cristãos hoje. Serve como um lembrete da necessidade de submeter todos os planos futuros à soberania de Deus. Embora o Novo Testamento não exija a repetição mecânica de "se o Senhor quiser" em cada declaração de planos futuros , o apóstolo Paulo exemplifica o espírito por trás desta frase em sua vida e ministério.

Por exemplo, Paulo declara explicitamente sua intenção de retornar a Jerusalém "se o Senhor quiser" em Atos 18:21 e 1 Coríntios 4:19. Nestes casos, ele reconhece deliberadamente a soberania de Deus sobre os seus empreendimentos futuros. Mesmo em passagens onde Paulo não usa explicitamente esta frase, como Atos 19:21, Romanos 15:28 ou 1 Coríntios 16:5, 8, sua prática geral revela um compromisso consistente em alinhar seus planos com a vontade de Deus.

Portanto, "deo volente" serve não apenas como uma convenção linguística, mas como uma disciplina espiritual, lembrando os crentes de abordarem os planos da vida com humildade, buscando a orientação de Deus e submetendo-se ao Seu propósito soberano. Esta mentalidade garante que as nossas aspirações e ações sejam fundamentadas numa confiança cheia de fé na sabedoria e na providência de Deus, em vez de na presunção humana ou na autossuficiência.

4:16 Do jeito que está, você se vangloria de sua arrogância. Toda essa ostentação é má.

James repreendeu severamente aqueles entre seus leitores que adotaram uma atitude de negligência em relação a Deus, particularmente aqueles que derivavam alegria da ilusão de controlar seus destinos. Ele pintou um quadro vívido de indivíduos que se vangloriam de sua arrogância, assumindo o crédito por realizações que, em última análise, resultam da providência e da graça de Deus. Tal jactância, argumentou James, não é apenas irrealista, mas também profundamente problemática – reflecte uma atitude que coloca a realização humana acima da soberania de Deus, categorizando-a assim como "má".

Nestes versículos, Tiago apresentou habilmente quatro argumentos convincentes para ilustrar a loucura de ignorar a vontade de Deus:

Complexidade da Vida : Tiago destacou a natureza intricada e interconectada da vida (v. 13). As complexidades da existência humana, entrelaçadas com propósitos e intervenções divinas, desafiam noções simplistas de auto-suficiência.

Incerteza da Vida : Ele ressaltou a imprevisibilidade dos resultados da vida (v. 14a). Apesar do planeamento meticuloso e do aparente controlo, as circunstâncias podem mudar rapidamente, revelando as limitações da previsão e do controlo humanos.

A brevidade da Vida : Tiago enfatizou a natureza passageira da existência humana (v. 14b). A brevidade da vida é um lembrete claro da nossa natureza temporal e da necessidade de uma perspectiva que reconheça os planos e propósitos eternos de Deus.

Fragilidade do Homem : Finalmente, Tiago apontou para a fragilidade inerente da humanidade (v. 16). Os seres humanos estão sujeitos a fraquezas, vulnerabilidades e mortalidade, sublinhando a nossa dependência contínua da graça sustentadora e da providência de Deus.

Através destes argumentos, James desafiou os seus leitores a confrontarem a ilusão da auto-suficiência e a reconhecerem a sabedoria de reconhecerem humildemente o papel soberano de Deus nas suas vidas. Ao exaltar as realizações humanas acima da providência divina, Tiago afirmou que os indivíduos não apenas enganam a si mesmos, mas também desonram o lugar legítimo de Deus como a fonte última de todas as bênçãos e resultados. Assim, ele exortou o seu público a abraçar a humildade e a dependência de Deus, reconhecendo a Sua supremacia e buscando a Sua vontade em todos os aspectos da vida.

4:17 Portanto, quem sabe a coisa certa a fazer e deixa de fazê-la é um pecado para ele.

Tiago retrata vividamente um cenário em que uma pessoa comete um "pecado" de omissão ao saber a coisa certa a fazer – reconhecer a dependência do Senhor – mas deixar de agir de acordo (cf. Lucas 16:19-31). Este pecado de omissão, de acordo com Tiago, não é apenas negligenciar qualquer ação, mas especificamente deixar de reconhecer e honrar o lugar soberano de Deus na vida de alguém (v. 15). A pessoa retratada na ilustração de Tiago demonstra independência e auto-suficiência, desconsiderando a verdade inerente de que Deus é supremo sobre todas as coisas – uma verdade que até mesmo a ordem natural da criação atesta (cf. João 9:41; Romanos 1:19). -20).

Ao concluir sua discussão sobre os conflitos e a postura espiritual necessária para navegá-los, James exorta seus leitores a traduzirem seu conhecimento em ação. Ele adverte contra a presunção e a autoconfiança, incentivando, em vez disso, uma humilde submissão a Deus. Deixar de reconhecer a soberania de Deus e de agir de acordo com esta verdade constitui pecado na visão de Tiago.

A declaração final de Tiago no versículo 17, muitas vezes enquadrada como uma máxima proverbial, resume a essência de toda a sua epístola. Enfatiza que a responsabilidade de alinhar-se com a vontade de Deus não envolve apenas evitar erros óbvios, mas também fazer ativamente o que é certo. Este versículo serve como um lembrete comovente de que os pecados de omissão, quando alguém deixa de viver a sua fé e de reconhecer o senhorio de Deus, são tão significativos e graves quanto os pecados cometidos.

Tiago obriga seus leitores a viverem com uma consciência aguda da autoridade de Deus e a demonstrarem essa compreensão por meio de ações obedientes. Assim, a admoestação no versículo 17 ressoa como um princípio universal aplicável a todos os aspectos da vida cristã, conforme exposto ao longo da sua epístola.

Resumo do Capítulo 4

O Capítulo 4 do Livro de Tiago aborda os principais temas e desafios dos primeiros cristãos, fornecendo orientação prática sobre como viver fielmente à luz da soberania de Deus e das realidades dos conflitos humanos.

Resumo do capítulo 4 de Tiago:

Causas do Conflito (Versículos 1-3): Tiago começa identificando a causa raiz dos conflitos e brigas entre os crentes: desejos egoístas. Ele atribui esses conflitos a paixões e prazeres desenfreados que levam as pessoas a cobiçar e a lutar por aquilo que não têm. Ele enfatiza que estes desejos muitas vezes permanecem não satisfeitos porque as pessoas pedem com motivos errados – procurando satisfazer os seus próprios prazeres em vez de procurar a vontade de Deus.

Amizade com o Mundo (Versículos 4-6): Tiago adverte contra a amizade com o mundo, que ele caracteriza como inimizade com Deus. Ele destaca a seriedade de se alinhar aos valores e desejos mundanos, o que contradiz a devoção e lealdade que Deus espera de Seus seguidores. Tiago cita as Escrituras para enfatizar o zelo de Deus pelo espírito que Ele colocou dentro dos crentes, exortando-os a resistir ao fascínio dos prazeres mundanos e, em vez disso, a aproximar-se de Deus com humildade e arrependimento.

Humildade e Submissão (Versículos 7-10): Tiago exorta seus leitores a se submeterem a Deus e a resistirem ao diabo. Ele usa imperativos fortes, comparando a vida cristã a uma batalha espiritual onde os crentes devem opor-se ativamente ao mal e aproximar-se de Deus. Tiago promete que aqueles que se humilharem diante de Deus receberão Sua graça e exaltação, contrastando isso com o destino dos orgulhosos.

Evitar julgar os outros (versículos 11-12): Tiago adverte contra falar mal ou julgar uns aos outros. Ele enfatiza que tal comportamento usurpa o papel de Deus como Juiz e Legislador final. Em vez disso, ele incentiva o respeito mútuo e a submissão entre os crentes, ecoando os ensinamentos de Jesus sobre não julgar os outros com severidade, mas mostrar misericórdia e graça.

Advertência contra o orgulho e a autossuficiência (versículos 13-17): Tiago critica aqueles que se vangloriam dos seus planos e realizações sem reconhecer a soberania de Deus sobre as suas vidas. Ele ilustra a loucura de presumir o futuro sem reconhecer as incertezas da vida e o controle final de Deus. Tiago apela a uma mentalidade que inclua a dependência da vontade de Deus, usando a frase latina "deo volente" (se Deus quiser) para destacar a importância de reconhecer a autoridade de Deus em todos os planos e ações.

O capítulo termina com uma declaração comovente no versículo 17: "Portanto, todo aquele que sabe o que é certo fazer e não o faz, para ele isso é pecado". Isto resume o tema abrangente de Tiago sobre a fé prática – conhecer a vontade de Deus e obedecê-la ativamente. O capítulo serve como um chamado à humildade genuína, à submissão a Deus, à evitação das seduções mundanas e a uma vida fiel que reconhece a soberania de Deus em todos os aspectos da vida.

O capítulo 4 de Tiago aborda os desafios espirituais dos conflitos, do orgulho e das atitudes mundanas, exortando os crentes a se submeterem à vontade de Deus, a resistirem às tentações do mundo e a tratarem os outros com respeito e amor. Enfatiza a necessidade de uma fé que não seja meramente teórica, mas que molde ativamente a conduta e os relacionamentos de cada um.

Capítulo 4 Oração

Gracioso Deus,

Chegamos diante de Ti humildemente, reconhecendo nossa dependência de Sua sabedoria e graça. A Tua Palavra nos mostrou os perigos dos desejos mundanos e a importância de nos submetermos totalmente à Tua vontade. Perdoe-nos, Senhor, pelas vezes em que perseguimos nossos próprios prazeres e ambições, negligenciando Sua orientação e mandamentos.

Ajude-nos a resistir às tentações deste mundo que nos desencaminham. Fortaleça nossa determinação de nos aproximarmos de Você, sabendo que, à medida que nos humilharmos, Você nos elevará com o tempo. Que possamos sempre buscar o Teu reino e alinhar nossos desejos com a Tua vontade.

Guarde nossos corações, ó Senhor, do orgulho e das atitudes de julgamento. Ensine-nos a tratar os outros com amor e respeito, evitando fofocas e críticas. Deixe que nossas palavras e ações reflitam Sua graça e misericórdia, sabendo que somente Você é o Juiz justo.

Conceda-nos a sabedoria para reconhecer a brevidade e a incerteza da vida e a humildade para confiar no Seu controle soberano sobre todas as coisas. Que possamos viver cada dia com consciência de Sua presença e com o compromisso de seguir Sua orientação.

Ao planejarmos o futuro , podemos sempre dizer: "Se for a tua vontade, viveremos e faremos isto ou aquilo" (Tiago 4:15). Guia-nos em nossas decisões, para que possam trazer glória ao Teu nome e promover o Teu reino na terra.

Em nome de Jesus, oramos,

Amém.

Capítulo 4 Perguntas

O que causa conflitos e brigas entre as pessoas, segundo Tiago 4?

Como Tiago descreve aqueles que são amigos do mundo?

Segundo Tiago, o que Deus dá aos humildes?

O que Tiago quer dizer com "purificar seus corações"?

Contra o que Tiago adverte no versículo 11 em relação a falar contra os outros?

Como Tiago ilustra a loucura de se vangloriar de planos futuros sem reconhecer a soberania de Deus?

O que Tiago diz sobre o pecado da omissão no capítulo 4?

Como Tiago conclui seu argumento sobre a submissão a Deus?

Que declaração proverbial Tiago usa para concluir o capítulo 4?

Como Tiago descreve a atitude correta que os cristãos deveriam ter em relação à vontade de Deus?

O que Tiago incentiva seus leitores a fazerem em vez de julgarem uns aos outros?

De acordo com Tiago, por que vangloriar-se de planos futuros sem reconhecer a soberania de Deus é considerado um mal?

Qual é o papel da humildade nos ensinamentos de Tiago no capítulo 4?

Como James descreve as consequências da amizade com o mundo?

O que Tiago ensina sobre a importância de nos submetermos à vontade de Deus?

Por que Tiago enfatiza a brevidade e a incerteza da vida?

Como Tiago ilustra a relação entre humildade e recebimento da graça?

O que Tiago quer dizer com "purificar seus corações"?

Como Tiago usa referências do Antigo Testamento para apoiar seus ensinamentos sobre humildade e submissão a Deus?

Que conselho prático Tiago dá para viver de acordo com a vontade de Deus no capítulo 4?

Tiago Capítulo 5:1-20

Aviso aos ricos

Tiago aborda uma questão crucial relativa à riqueza na sua epístola, enfatizando os seus potenciais perigos e consequências, ao mesmo tempo que exorta à acção apropriada. Este tema está presente em toda a sua carta, com múltiplas referências aos ricos e aos pobres (1:9-11; 2:1-12). Os capítulos 4 e 5 destacam a sua preocupação, particularmente nas passagens que se dirigem aos ricos (4:13-17; 5:1-6).

O estilo equilibrado de escrita de Tiago fica evidente quando ele começa e termina suas exortações (2.1-5.6) com discussões sobre riqueza. Esta estrutura reflete um padrão quiástico, uma técnica literária onde as ideias são espelhadas em torno de um ponto central. Ronald Blue destaca três aspectos principais relativos à riqueza nesta seção: consternação (v. 1), corrosão (vv. 2-3) e condenação (vv. 4-6). Estes elementos destacam colectivamente a abordagem cautelosa de James relativamente à influência e aos perigos associados à riqueza material.

5:1 **Venha agora, você rico, chore e uive pelas misérias que estão vindo sobre você.**

Tiago, semelhante a um profeta, confronta seus leitores com uma dura admoestação ("Venham agora"; cf. 4:13). Embora a riqueza normalmente traga felicidade, James desafia os ricos a "chorar e uivar" de angústia, detalhando as razões neste capítulo. É importante ressaltar que a Bíblia não condena a riqueza (cf. 1 Timóteo 6:10), mas alerta consistentemente sobre as tentações que acompanham a abundância financeira. Estas tentações incluem uma falsa sensação de segurança, um desejo de controlo sobre os outros e orgulho pessoal. Tiago adverte contra o regozijo excessivo na riqueza, pois o infortúnio material pode surgir inesperadamente (cf. 1:10-11).

A passagem aborda não apenas os ricos, mas especificamente os perigos enfrentados pelos ricos como classe, abrangendo tanto crentes como incrédulos. Embora Tiago escreva principalmente aos crentes, suas palavras ressoam universalmente, aplicando-se igualmente aos incrédulos. A sua preocupação estende-se além do mero sucesso mundano até aos perigos espirituais representados pela riqueza, distinguindo a sua mensagem de passagens anteriores que criticam a ambição mundana (cf. 4:13).

5:2 **As vossas riquezas apodreceram, e as vossas vestes estão comidas pelas traças.**

O conceito de "riquezas que apodrecem" provavelmente se refere a bens perecíveis, como alimentos e bebidas. Nos tempos bíblicos, as roupas também eram consideradas bens valiosos, muitas vezes usadas para comércio, apreciadas como relíquias de família e dadas como presentes de prestígio (cf. Mateus 6:19). Ainda hoje, as pessoas investem quantias substanciais em bens perecíveis como alimentos, bebidas e roupas, apesar da sua natureza passageira.

Esta perspectiva destaca uma verdade atemporal sobre a riqueza material. Embora esses bens possam proporcionar conforto e status temporários, eles acabam se deteriorando ou perdendo valor com o tempo. Ele ecoa os ensinamentos de Jesus em Mateus 6:19, enfatizando a importância de priorizar os tesouros eternos sobre os bens terrenos suscetíveis de decadência e perda.

5:3 **O vosso ouro e a vossa prata foram corroídos; a corrosão deles servirá de prova contra você e consumirá sua carne como fogo. Você acumulou tesouros nos últimos dias.**

A menção de "ouro" e "prata" nos ensinamentos de Tiago destaca a sua vulnerabilidade à corrosão e ao embaciamento. Esta corrosão diminui o seu valor material e simboliza uma decadência espiritual mais profunda causada pelo acúmulo de riqueza. James alerta que este processo destrutivo que afeta os metais preciosos é paralelo aos efeitos nocivos sobre os indivíduos que acumulam riquezas excessivamente. Serve como um testemunho da sua administração infiel da riqueza, contrastando fortemente com o princípio cristão de utilizar recursos em vez de simplesmente armazená-los.

Para os cristãos, acumular riquezas é particularmente grave, especialmente tendo em conta a crença em viver nos últimos dias antes do regresso do Senhor (cf. Lucas 12:20-21). Tiago defende o uso de recursos financeiros para a obra de Deus, em vez de se entregar a estilos de vida egocêntricos e ociosos (cf. Mateus 6:19-24). Esta perspectiva alinha-se com o ensino bíblico de que tudo pertence a Deus, e os crentes são mordomos encarregados de gerir sabiamente os Seus recursos (cf. 1 Coríntios 4:2).

Embora a Bíblia não desencoraje a poupança ou o investimento, ela condena veementemente o entesouramento – a acumulação de riqueza para prestígio ou autogratificação, em vez de segurança genuína ou administração responsável. Determinar a linha entre a poupança prudente e o acúmulo pecaminoso é uma questão de coração, refletindo a atitude da pessoa em relação à generosidade e à confiança na provisão de Deus. Em última análise, Tiago encoraja uma mentalidade onde os recursos financeiros são usados propositadamente para avançar o reino de Deus, reconhecendo que o verdadeiro tesouro reside nos investimentos celestiais e não na acumulação terrena.

5:4 Eis que os salários dos trabalhadores que ceifaram os vossos campos, que vocês retiveram com fraude, clamam contra vocês, e os clamores dos ceifeiros chegaram aos ouvidos do Senhor dos Exércitos.

Parte do público de Tiago estava evidentemente enriquecendo injustamente ao reter salários justos de seus trabalhadores, uma ofensa grave condenada em Deuteronômio 24:15. Os gritos por justiça destes trabalhadores oprimidos chegaram aos ouvidos de Deus, mesmo quando os seus empregadores permaneceram indiferentes (cf. Génesis 4:5; 18:20-21).

O título "Senhor dos exércitos" (Senhor Todo-Poderoso; cf. Isaías 5:9; Romanos 9:29) enfatiza a onipotência soberana de Deus. Apesar da aparente falta de defensores terrenos dos oprimidos, eles encontram o seu ajudante final no Deus Todo-Poderoso do céu. Este título destaca o papel de Deus como defensor dos oprimidos. Garante que a justiça prevaleça, mesmo quando os sistemas humanos falham ou exploram os vulneráveis. Isso tranquiliza aqueles que enfrentam a injustiça de que não estão sozinhos na sua luta, pois o Senhor dos exércitos está com eles, pronto para trazer justiça e retidão no Seu tempo perfeito.

5:5 Você viveu na terra com luxo e auto-indulgência. Você engordou seus corações em um dia de matança.

O estilo de vida frequentemente associado aos ricos – luxo e autoindulgência – é criticado nas normas culturais e nos ensinamentos bíblicos. Embora a sociedade possa tolerar a extravagância, as Escrituras a condenam consistentemente. Viver apenas "por prazer" implica uma busca pela indulgência e pelo excesso, contra os quais James adverte como uma forma de materialismo ganancioso.

James usa imagens vívidas para ilustrar as consequências de tais estilos de vida. Ele descreve metaforicamente os ricos como figurativamente "engordando seus corações", entregando-se ao consumo excessivo que não apenas satisfaz os desejos físicos, mas também os cega para sua vulnerabilidade espiritual. Esta busca egocêntrica de prazer, seja em termos físicos ou materialistas, acaba por conduzir a um dia de julgamento – que lembra animais sacrificados preparados para o abate.

Na tradição dos profetas do Antigo Testamento, Tiago denuncia severamente este estilo de vida luxuoso e descuidado, alertando para as suas consequências iminentes. Para os crentes, esta advertência é um desafio para reavaliar os hábitos de consumo pessoais, enfatizando a importância de avaliar periodicamente as despesas. Um método prático sugerido é comparar as doações de caridade (deduções) com o rendimento, utilizando os registos do imposto sobre o rendimento como uma medida tangível de generosidade versus acumulação pessoal. Esta reflexão ajuda a alinhar as decisões financeiras com os princípios bíblicos de mordomia e generosidade, promovendo uma mentalidade que prioriza os valores eternos em detrimento dos prazeres materiais passageiros.

5:6 Você condenou e assassinou a pessoa justa. Ele não resiste a você.

James aborda vividamente a opressão exercida pelos ricos, que às vezes chegam ao ponto de "matar" metaforicamente aqueles que resistem às suas práticas injustas, mesmo que esses indivíduos o façam de forma justa e não violenta. Esta linguagem hiperbólica realça as graves consequências enfrentadas por aqueles que se colocam no caminho da procura de segurança financeira por parte dos ricos. Ao longo da história, os cristãos têm frequentemente enfrentado perseguições por parte daqueles que salvaguardam ou promovem os seus interesses económicos, como pode ser visto em relatos como os de Atos (8:18-24; 19:23-28).

Para os diaristas, o recebimento pontual dos salários é uma questão de vida ou morte. James retrata os salários como uma força vital essencial, simbolizando as terríveis consequências quando os ricos retêm injustamente esses rendimentos. Esta representação estende-se aos camponeses e trabalhadores cujo trabalho sustenta outros, mas muitas vezes os deixa vulneráveis à exploração e ao empobrecimento. Conseqüentemente, a acusação de Tiago de que os ricos condenam e até metaforicamente matam os justos (5:6) carrega um peso ético e moral significativo.

As severas advertências de James revelam sua preocupação com o fato de seus leitores estarem falhando em suas responsabilidades, especialmente no manejo da riqueza. Ele desafia a busca excessiva de riqueza e ganho material, uma tentação predominante na cultura moderna. Embora necessário para fins práticos, o dinheiro pode facilmente tornar-se uma armadilha, levando à ansiedade, à insegurança e ao perigo espiritual se for mal utilizado ou idolatrado.

No que diz respeito ao público de Tiago, quer sejam cristãos ricos ou incrédulos, ele critica principalmente aqueles dentro da comunidade cristã que podem estar a fazer mau uso da sua riqueza ou a oprimir outros. Sua mensagem desperta os crentes para os perigos da riqueza e para a importância de alinhar as práticas financeiras com os princípios de mordomia, generosidade e justiça de Deus.

Em contraste com a visão mundial das riquezas como fonte de liberdade, segurança, poder e felicidade, Tiago enfatiza que a verdadeira realização e segurança vêm da confiança em Deus, em vez de acumular riquezas terrenas. Os seus ensinamentos encorajam uma mudança radical de perspectiva, onde o dinheiro é visto não como um fim, mas como uma ferramenta para uma vida justa e para o avanço do reino de Deus. Assim, os crentes são chamados a gerir os seus recursos com sabedoria, reconhecendo que o verdadeiro valor e segurança vêm de um relacionamento com Deus, e não de bens materiais.

Paciência no sofrimento

Na verdade, James condena a atitude dos ricos que prioriza a aquisição de riqueza por todos os meios possíveis, o mais rápido possível. Esta mentalidade, focada exclusivamente na acumulação sem levar em conta considerações éticas ou o bem-estar dos outros, contrasta fortemente com o conselho que Tiago fornece na passagem subsequente. Aqui, Tiago aconselha os ricos e os de recursos modestos a cultivarem a paciência.

O chamado à paciência reflete a preocupação mais ampla de Tiago com a forma como os crentes abordam a vida e a riqueza. Neste contexto, paciência implica confiar no tempo e na providência de Deus, em vez de recorrer a métodos expeditos ou antiéticos para obter ganhos financeiros. Incentiva a fidelidade e a integridade duradouras em todos os aspectos da vida, incluindo as relações económicas.

Para Tiago, paciência não se trata apenas de esperar passivamente, mas de confiar ativamente na sabedoria e na provisão de Deus, ao mesmo tempo que se vive fielmente os princípios de justiça e compaixão. Esta atitude contraria a busca egocêntrica de riqueza anteriormente condenada e alinha-se com uma perspectiva espiritual mais profunda que valoriza a retidão e a conduta ética em detrimento do ganho material imediato.

Assim, a exortação de Tiago para praticar a paciência serve como uma bússola moral, guiando os crentes para longe das armadilhas da ganância e da exploração em direção a uma vida marcada pela integridade, confiança em Deus e preocupação pelo bem-estar dos outros.

5:7 Sede, pois, irmãos, pacientes até a vinda do Senhor. Veja como o agricultor espera pacientemente pelos preciosos frutos da terra até que recebam as primeiras e as últimas chuvas.

10:34). O uso que Tiago faz da palavra grega " aleifein ", que significa esfregar ou aplicar óleo, em vez de " chriein ", que denota especificamente unção cerimonial religiosa, sugere uma aplicação prática do óleo por seus benefícios medicinais, em vez de um ato sacramental.

Existe algum debate entre os cristãos a respeito da continuidade da unção com óleo como uma prática na igreja hoje. Embora tenha origem nos costumes judaicos, não era exclusivamente judaico, e a sua aplicação no contexto de Tiago destaca o seu uso terapêutico prático, em vez de um rito estritamente religioso. Sob a graça de Cristo, os crentes têm liberdade quanto à observância de tais práticas, entendendo que o foco principal permanece na restauração espiritual e física através da oração e da fé.

As instruções de James destacam o cuidado holístico dos enfermos na comunidade cristã, integrando a supervisão espiritual com o cuidado prático. Esta abordagem enfatiza a importância da fé, da oração e do apoio comunitário em tempos de doença, reflectindo a responsabilidade da igreja de ministrar às necessidades espirituais e físicas dos seus membros.

As instruções de Tiago a respeito da unção dos enfermos com óleo e do envolvimento dos presbíteros revelam insights sobre as primeiras práticas cristãs e suas implicações teológicas.

Em primeiro lugar, o foco de Tiago em chamar os presbíteros e na unção com óleo sugere um reconhecimento de que a doença pode ter raízes espirituais. Embora todas as doenças, em última análise, remontem à Queda e ao quebrantamento da criação, nem todas as doenças estão diretamente ligadas a um pecado específico, como Jesus afirmou em João 9:3 a respeito do homem cego. O ato de ungir com óleo no contexto de Tiago era provavelmente um símbolo de invocar a presença curativa e consoladora de Deus, muito parecido com o uso de óleo no Antigo Testamento como um símbolo do poder e da bênção do Espírito Santo (Salmo 23:5; Isaías 61:1).).

A omissão de instruções de Tiago para procurar aqueles com o dom de cura implica que tais indivíduos não eram comuns nem mesmo na igreja primitiva. Em vez disso, a ênfase estava na responsabilidade comunitária dos anciãos de orar e ministrar aos doentes, atendendo às suas necessidades espirituais e físicas. Esta abordagem destaca o cuidado holístico que a comunidade cristã foi chamada a prestar, combinando fé, oração e apoio prático em tempos de doença.

A palavra grega " aleifein ", que significa esfregar ou aplicar óleo, em vez de " chriein ", que denota especificamente unção cerimonial, indica uma aplicação prática do óleo por suas qualidades calmantes e talvez simbólicas. Esta prática foi um lembrete tangível da presença e do cuidado de Deus durante a aflição física.

Notavelmente, a orientação de Tiago sobre a unção com óleo tem sido historicamente interpretada de forma diferente nas tradições cristãs. Por exemplo, a doutrina católica romana desenvolveu a prática da extrema-unção (ungir os enfermos com óleo perto da morte) baseada em parte em Tiago 5:14. Esta prática, que surgiu por volta do século VIII, reflete a crença na eficácia sacramental da unção para o perdão dos pecados e a preparação para a vida após a morte.

A diretriz de Tiago de ungir os enfermos com óleo e envolver os mais velhos na oração destaca o papel da comunidade cristã no cuidado espiritual e físico dos enfermos. Esta prática atende às necessidades imediatas e serve como um lembrete da presença curativa de Deus e do apoio comunitário essencial para a vida de fé.

5:15 E a oração da fé salvará o enfermo, e o Senhor o ressuscitará. E se ele cometeu pecados, ele será perdoado.

Tiago enfatiza a importância da oração no atendimento às necessidades dos enfermos, destacando-a como o principal meio através do qual a cura é buscada na comunidade cristã.

O ponto focal de Tiago 5:13-18 é a oração, apesar das diversas interpretações sobre o significado da unção com óleo. Alguns sugerem que a unção não deve ofuscar a ênfase primária na própria oração. As orações dos presbíteros com fé são enfatizadas como tendo o poder de restaurar ou curar a pessoa doente. O termo "oração de fé" denota uma oração feita com confiança na capacidade de Deus de curar de acordo com a Sua vontade (Mateus 8:1-13; Marcos 5:35-42). Isto se alinha com a compreensão de que a cura final vem de Deus, sendo a oração um meio vital através do qual o poder de cura de Deus é buscado.

A unção com óleo no contexto de Tiago é vista como um ato prático e simbólico, e não como um rito sacramental. Simboliza a presença e o cuidado de Deus em tempos de aflição física, recorrendo ao uso cultural do óleo pelas suas qualidades calmantes e medicinais (Isaías 1:6; Lucas 10:34). O ato da unção não é visto como a causa direta da cura, mas como uma expressão visível de confiança na provisão e no cuidado de Deus.

A instrução de Tiago não apoia a ideia de que a oração com fé garante um resultado específico simplesmente porque se ora por ele. Em vez disso, a fé na oração está ancorada na confiança na soberania de Deus e nos Seus propósitos, e não numa expectativa estereotipada de resultados (Tiago 1:5-6; 2 Coríntios 12:7-10). A fé sempre depende do caráter e das promessas de Deus, garantindo que a oração eficaz esteja enraizada num relacionamento genuíno com Ele.

Em relação aos pecados ligados à doença, Tiago reconhece que nem toda doença resulta diretamente do pecado pessoal (João 9:1-3). No entanto, ele destaca a necessidade de restauração espiritual e física onde o pecado pode ser um fator, enfatizando a confissão e o perdão através da oração (1 João 1:9; Mateus 6:12). Esta abordagem holística reflete a preocupação de James em abordar as dimensões espirituais e físicas da doença na comunidade.

A orientação de Tiago sobre a oração e a unção dos enfermos destaca a responsabilidade da comunidade cristã de apoiar e ministrar àqueles que enfrentam doenças. A oração, oferecida com fé e dependência da vontade de Deus, continua a ser fundamental para a busca de cura e restauração, afirmando a soberania de Deus em todas as circunstâncias da vida.

5:16 **Portanto, confessem seus pecados uns aos outros e orem uns pelos outros, para que vocês sejam curados. A oração de uma pessoa justa tem grande poder porque funciona.**

Tiago instrui os crentes a confessarem os seus pecados uns aos outros e a orarem uns pelos outros, destacando a interligação do bem-estar espiritual e físico dentro da comunidade cristã.

Confessar pecados uns aos outros baseia-se na compreensão de que o pecado pode levar à doença espiritual e física (Tiago 5:15, 16). Esta prática de confissão visa fomentar a transparência e a responsabilização entre os crentes, promovendo a saúde espiritual e a restauração relacional. A confissão aqui não se limita a ambientes formais, mas incentiva um reconhecimento pessoal e privado dos erros cometidos contra outros (Mateus 5:23-24).

Tiago destaca a eficácia da oração na cura, enfatizando que as orações feitas pelos crentes uns pelos outros podem trazer restauração espiritual e física (Tiago 5:16). Isto está alinhado com os princípios bíblicos que enfatizam o poder da oração no atendimento às necessidades pessoais e comunitárias (Mateus 18:19-20; Efésios 6:18).

O contexto da confissão e da oração implica uma dinâmica relacional onde os crentes apoiam e intercedem uns pelos outros. Reflete um compromisso com o crescimento espiritual e o cuidado mútuo dentro da comunidade de fé, espelhando os princípios de perdão e reconciliação ensinados por Jesus (Colossenses 3:12-13).

Nos casamentos, os princípios de James incentivam um ambiente de abertura e perdão. Os cônjuges são incentivados a criar um espaço seguro onde a confissão de pecados e a expressão de emoções sejam bem-vindas e apoiadas (Efésios 4:31-32; 1 João 4:18). Isso promove a intimidade e a confiança, essenciais para manter relacionamentos saudáveis e lidar com conflitos de forma construtiva.

Em última análise, as instruções de Tiago sobre a confissão e a oração destacam a abordagem holística da vida cristã, enfatizando a responsabilidade pessoal pelo pecado e o apoio comunitário através da oração e do encorajamento mútuo. Estas práticas contribuem para o crescimento espiritual individual e fortalecem a unidade e a saúde da igreja.

Parece que você está compartilhando alguns insights ou citações relacionadas à prática da confissão dentro da fé cristã, particularmente ao lidar com o pecado e buscar a renovação espiritual. A confissão, conforme entendida em várias tradições cristãs, envolve o reconhecimento dos pecados da pessoa diante de Deus e, em alguns casos, diante de outros crentes para prestação de contas e apoio. Aqui está um resumo baseado nas citações e ideias que você apresentou:

Escopo da Confissão : A confissão do pecado deve corresponder ao alcance do seu impacto. Os pecados privados devem ser confessados em privado, enquanto os pecados que afectam outros ou a comunidade podem exigir confissão pública para facilitar a cura e a reconciliação (citação 2).

Propósito da Confissão : A confissão não é apenas um ritual, mas um meio de receber ajuda divina e experimentar renovação espiritual. Permite que os crentes confrontem os seus pecados honestamente e busquem o perdão, restaurando o seu relacionamento com Deus e com os outros (citação 3).

Confissão e Vida Cristã : Embora não seja um requisito ou lei estrita, a confissão oferece um caminho para o aprofundamento da fé e da comunhão dentro da comunidade cristã. Fornece um contexto para apoio mútuo, responsabilidade e experiência da graça de Deus na superação do pecado e da dúvida (citação 4).

Perspectiva histórica : Historicamente, figuras como Martinho Lutero enfatizaram a confissão como parte integrante da vida cristã, citando o seu papel na promoção do crescimento espiritual e na garantia do perdão. Para Lutero, a confissão não era apenas uma prática, mas um aspecto vital da vivência da fé (citação 5).

A confissão no Cristianismo é uma disciplina espiritual que promove humildade, responsabilidade e reconciliação. O objetivo é cultivar um relacionamento mais profundo com Deus e com os outros, permitindo que os crentes experimentem o poder transformador do perdão e da graça de Deus.

Tiago enfatiza a eficácia significativa da oração tanto na cura espiritual quanto na cura física, ilustrando seu ponto de vista com o exemplo da oração de Elias (Tiago 5:17-18). Aqui estão os pontos-chave derivados de sua mensagem:

Poder da Oração : Tiago afirma que as orações de uma pessoa justa são potentes e eficazes, capazes de trazer libertação espiritual e física para outros. Essa justiça não é auto-alcançada, mas vem através da confissão dos pecados e do recebimento do perdão de Deus (citação 1).

Eficácia da Oração : A eficácia da oração reside na sua capacidade de explorar o poder de Deus. Serve como meio através do qual os crentes acessam a intervenção e provisão divina de Deus (citação 2).

Exemplo de Tiago : Historicamente, o próprio Tiago exemplificou uma vida dedicada à oração. De acordo com Eusébio, baseado em Hegésipo , Tiago era conhecido por sua devota vida de oração, muitas vezes orando fervorosamente pelo perdão e pelo bem-estar do povo. Esse compromisso com a oração foi tão intenso que o afetou fisicamente, endurecendo seus joelhos como os de um camelo devido ao prolongado ajoelhamento diante de Deus (citação 3).

Tiago destaca a importância da oração como prática central na vida cristã. Facilita a comunhão pessoal com Deus e serve como um instrumento poderoso para interceder em favor de outros, demonstrando fé na capacidade de Deus de realizar cura e restauração.

A passagem de Tiago 5:13-16 aborda um contexto específico dentro da comunidade cristã primitiva, concentrando-se na relação entre pecado, oração e cura. Aqui está uma análise dos pontos-chave da sua mensagem:

Contexto da doença e do pecado : O ensinamento de Tiago sobre a oração pelos enfermos não é uma promessa geral de cura de todas as doenças físicas, mas aborda especificamente as doenças resultantes de comportamento injusto, particularmente pecados que envolvem o uso indevido da fala. Ele destaca a importância de abordar as causas espirituais na busca pela cura (citação 1).

Aplicação Hoje : Esta passagem permanece relevante para os crentes hoje. Encoraja a autorreflexão e o arrependimento ao enfrentar as consequências de ações pecaminosas, levando potencialmente à restauração espiritual e, em casos específicos, à cura física através da oração e da confissão (citação 3).

Intervenção Divina e Médica : Reconhecer que toda cura vem, em última análise, de Deus, seja através de meios médicos ou de intervenção milagrosa, enfatiza a abordagem holística de buscar conhecimento médico e intervenção divina em tempos de doença (citação 1).

Tiago 5:13-16 destaca a interconexão da saúde espiritual e física no contexto cristão. Encoraja os crentes a aproximarem-se de Deus em oração pela cura, particularmente nos casos em que a doença pode estar ligada a pecados não confessados, ao mesmo tempo que reconhece o papel dos profissionais médicos como parte da provisão de Deus para a cura.

5:17 **Elias era um homem com uma natureza como a nossa, e ele orou fervorosamente para que não chovesse, e por três anos e seis meses não choveu na terra. 5:18 Então ele orou novamente, e o céu deu chuva, e a terra deu o seu fruto.**

Tiago recorre ao exemplo de Elias para ilustrar o poder e a eficácia da oração, enfatizando que Elias, apesar das suas experiências extraordinárias, era um ser humano comum com uma natureza humana semelhante a qualquer outra pessoa.

Natureza da oração de Elias : Tiago destaca que a eficácia de Elias na oração não se deveu apenas ao fervor de suas petições, mas porque ele orou de forma consistente e em alinhamento com a vontade de Deus (citação 2). A frase "orou sinceramente" (grego: proseuche proseuxato) destaca a persistência e o compromisso de Elias com a oração, tornando-a uma parte central de sua interação com Deus (citação 3).

Influência através da oração : As orações de Elias influenciaram as ações de Deus, particularmente no cumprimento de Seus decretos, como trazer chuva após uma seca (1 Reis 17:1; 18:1, 41-45). Isto demonstra que a oração permite que os crentes participem nos planos de Deus e influenciem certos resultados de acordo com a Sua vontade (citação 4).

Compreendendo a Vontade de Deus : Tiago enfatiza a importância de conhecer e alinhar-se com a vontade de Deus na oração. A oração eficaz está enraizada na compreensão dos propósitos e promessas de Deus , o que fornece uma base sólida para orações crentes (citação 5).

Tiago usa Elias como exemplo para encorajar os crentes a orar de forma consistente e alinhada com a vontade de Deus. Esta abordagem destaca o potencial de todos os crentes, através de uma vida justa e da oração, verem a intervenção e influência de Deus nas suas vidas e circunstâncias.

Tiago utiliza o exemplo de Elias para destacar o impacto significativo da oração e o seu alinhamento com os propósitos de Deus. Aqui está um resumo e reflexão sobre os pontos levantados:

Oração como Colaboração com Deus : A compreensão de que a oração é um meio significativo de cooperação com Deus alinha-se com Seu caráter gracioso. Deus deseja envolver Seus filhos na realização de Seus planos, permitindo que os crentes participem ativamente por meio da intercessão (citação 2).

O Exemplo de Elias : Tiago contrasta a abordagem de Elias com a necessidade de uma resolução pacífica através da oração e da submissão à vontade de Deus (citação 3). A vida de Elias ilustra como a oração pode trazer resultados transformadores, mostrando a capacidade de resposta de Deus às petições do Seu povo.

Interpretando Tiago 5:13-18 : Embora algumas interpretações sugiram que Tiago se refere especificamente ao desânimo ou depressão, em vez de cura física, o contexto apoia uma aplicação mais ampla. Os termos gregos usados para "enfermo" e "curado" em Tiago 5:14-16 referem-se tipicamente a doenças físicas, e não há nenhuma indicação contextual que as limite a condições psicológicas (citação 4). Tiago provavelmente usa o exemplo da doença para destacar o poder da oração, encorajando os crentes a orar por aqueles que lutam devido a doenças induzidas pelo pecado e a cultivar a paciência em suas próprias vidas.

O Livro de Tiago é um guia prático para a vida cristã, com foco na fé genuína, na conduta sábia e na importância de viver as próprias crenças por meio de ações que honrem a Deus e beneficiem os outros.

PARTE 3: Teste seu conhecimento

<u>Perguntas verdadeiras ou falsas</u>

Verdadeiro ou Falso: Tiago, o autor da epístola, identifica-se como irmão de Jesus.

Verdadeiro ou Falso: De acordo com Tiago, as provações e testes devem ser considerados alegria porque produzem perseverança e maturidade.

Verdadeiro ou Falso: Tiago ensina que Deus tenta as pessoas com desejos malignos para testar a sua fé.

Verdadeiro ou falso: Tiago adverte contra apenas ouvir a palavra sem fazer o que ela diz, comparando-a a olhar-se no espelho e esquecer a própria aparência.

Verdadeiro ou Falso: Tiago argumenta que a fé sem obras é morta, usando o exemplo de Abraão oferecendo Isaque como prova de que a fé é demonstrada por ações.

Verdadeiro ou Falso: Tiago condena o favoritismo demonstrado aos ricos nas reuniões da igreja e insta a tratar todas as pessoas igualmente.

Verdadeiro ou falso: De acordo com Tiago, a língua é uma pequena parte do corpo, mas pode gabar-se de grandes coisas e incendiar todo o curso da vida de uma pessoa.

Verdadeiro ou Falso: Tiago ensina que a sabedoria terrena leva à paz e à harmonia entre os crentes.

Verdadeiro ou Falso: Tiago encoraja os crentes a resistirem ao diabo, a aproximarem-se de Deus e a purificarem os seus corações, alertando contra a duplicidade de espírito .

Verdadeiro ou Falso: James critica aqueles que se gabam de seus planos para o futuro sem reconhecer a vontade de Deus.

Verdadeiro ou Falso: James denuncia os opressores ricos que acumularam riqueza à custa do pagamento de salários justos aos seus trabalhadores.

Verdadeiro ou Falso: Tiago incentiva a paciência e a perseverança no sofrimento, usando os profetas e Jó como exemplos de perseverança.

Verdadeiro ou Falso: De acordo com James, fazer juramentos é aceitável ao fazer promessas ou compromissos importantes.

Verdadeiro ou Falso: Tiago ensina que a oração oferecida com fé pode curar os enfermos e restaurá-los, encorajando os crentes a confessarem os seus pecados uns aos outros para serem curados.

Verdadeiro ou Falso: Tiago afirma que Elias era um homem com uma natureza como a nossa, destacando o poder das suas orações como um exemplo de oração eficaz e fervorosa.

Verdadeiro ou Falso: Tiago conclui sua epístola exortando os crentes a trazer de volta aqueles que se desviaram da verdade e a cobrir muitos pecados através do amor e do perdão.

Verdadeiro ou falso: Tiago enfatiza que a sabedoria terrena, caracterizada pela inveja e pela ambição egoísta, é melhor do que a sabedoria do alto, que é pura e pacífica.

Verdadeiro ou falso: Tiago incentiva os crentes a serem rápidos em ouvir, lentos em falar e lentos em irar-se, enfatizando a importância de controlar a língua.

Verdadeiro ou Falso: De acordo com Tiago, a verdadeira religião inclui cuidar das viúvas e dos órfãos e manter-se isento da corrupção do mundo.

Verdadeiro ou Falso: Tiago ensina que quem sabe o bem que deve fazer e não o faz peca.

<u>Questões de múltipla escolha</u>

Qual deve ser a resposta dos crentes que enfrentam provações, diz Tiago?

- A) Amargura

- B) Alegria
- C) Ressentimento
- D) Indiferença

Segundo Tiago, o que uma pessoa deve pedir quando lhe falta sabedoria?

- A) Paciência
- B) Riqueza
- C) Dúvida
- D) A sabedoria de Deus

A que Tiago compara a fé sem obras?

- A) Um cadáver
- B) Uma nuvem sem chuva
- C) Uma sombra na noite
- D) Um momento fugaz

Tiago adverte contra mostrar favoritismo a quem?

- A) Os pobres
- B) Os ricos
- C) Os Idosos
- D) Os doentes

O que Tiago diz que é uma parte pequena do corpo, mas que ostenta grandes coisas?

- A) A língua
- B) O coração
- C) A mão
- D) O olho

De acordo com Tiago, que tipo de sabedoria leva à desordem e a todas as práticas malignas?

- A) Sabedoria terrena
- B) Sabedoria celestial
- C) Sabedoria intelectual
- D) Sabedoria moral

O que Tiago instrui os crentes a fazerem em resposta ao sofrimento e aos problemas?

- A) Procurar vingança
- B) Conte tudo com alegria
- C) Reclame em voz alta
- D) Esconda-se disso

Tiago encoraja os crentes a serem praticantes da palavra, não apenas _____.

- A) Ouvintes
- B) Pensadores
- C) Leitores
- D) Escritores

Qual das seguintes afirmações Tiago diz que não deveria vir da mesma boca?

- A) Bênção e maldição
- B) Elogiar e criticar
- C) Falar e ouvir
- D) Ensinar e aprender

Tiago compara a vida dos ricos com o quê?

- A) Uma brisa passageira
- B) Uma flor murchando
- C) Um leão que ruge
- D) Uma sombra fugaz

O que Tiago diz ser a fonte de brigas e conflitos entre os crentes?

- A) Inveja e ambição egoísta
- B) Falta de oração
- C) Má liderança
- D) Ignorância das Escrituras

Tiago ensina que a oração da fé salvará quem?

- A) Os ricos e poderosos
- B) Os justos e santos
- C) Os doentes e perturbados
- D) Os idosos e sábios

O que Tiago diz que deveria ser feito por alguém doente entre os crentes?

- A) Eles deveriam orar sozinhos
- B) Chamar os presbíteros da igreja para orar e ungi-los com óleo
- C) Procure apenas atendimento médico
- D) Ignore sua doença

Tiago condena aqueles que planejam suas vidas sem reconhecer a vontade de quem?

- A) Seus próprios
- B) O governo

- C) de Deus
- D) Destino

O que Tiago diz ser a religião pura e imaculada diante de Deus?

- A) Manter-se afastado dos prazeres mundanos
- B) Visitar órfãos e viúvas em dificuldades
- C) Jejuar e orar diariamente
- D) Doar generosamente à igreja

De acordo com Tiago, por que os crentes deveriam ser tardios em falar e tardios em irar-se?

- A) Para evitar ofender os outros
- B) Cultivar sabedoria e retidão
- C) Manter um ambiente pacífico
- D) Demonstrar humildade e mansidão

James avisa que amizade com o mundo é o quê?

- A) Inofensivo
- B) Rentável
- C) Inimizade com Deus
- D) Um sinal de maturidade

Tiago instrui os crentes a se submeterem a Deus e a resistirem a quem?

- A) O diabo
- B) Seus pares
- C) Figuras de autoridade
- D) Seus próprios desejos

O que Tiago diz ser o resultado da paciência e da perseverança no sofrimento?

- A) Riqueza e prosperidade
- B) Felicidade e realização
- C) Vida eterna
- D) Coroa da vida

De acordo com James, o que uma pessoa deveria fazer se soubesse o bem que deveria fazer e não o fizesse?

- A) Arrependa-se e confesse
- B) Busque o perdão de Deus
- C) Ore por força
- D) É um pecado para eles

<u>Perguntas para preencher lacunas</u>

Tiago começa sua carta encorajando os crentes a considerá-la __________ pura sempre que enfrentarem provações de vários tipos.

"Não apenas ouçam a palavra e se enganem. __________ isso."

"A religião que Deus, nosso Pai, aceita como pura e imaculada é esta: cuidar dos órfãos e das viúvas em suas dificuldades e evitar __________."

"Mas o homem que olha atentamente para a lei perfeita que dá liberdade e continua a fazer isso, não esquecendo o que ouviu, mas fazendo isso - __________ - ele será abençoado no que faz."

"De que adianta, meus irmãos, se um homem afirma ter fé, mas não tem __________?"

"Você vê que uma pessoa é justificada pelo que faz e não apenas por __________."

"Mas a sabedoria que vem do céu é antes de tudo __________."

"Sujeitem-se, então, a Deus. __________ e ele fugirá de você."

"Algum de vocês está com problemas? Ele deveria __________."

" Portanto, confessem seus pecados um ao outro e __________."

"A oração de um homem justo é __________."

"Elijah era um homem como nós. Ele orou sinceramente para que não __________, e não choveu na terra por três anos e meio."

"Meus irmãos, se um de vocês se desviar da verdade e alguém o trouxer de volta, lembrem-se disto: quem fizer um pecador fugir do erro do seu caminho, salvá-lo-á de __________."

"Acima de tudo, meus irmãos, não jurem - nem pelo céu, pela terra ou qualquer outra coisa. Deixe o seu 'Sim' ser __________."

"Sede pacientes, então, irmãos, até a vinda do Senhor. Vejam como o fazendeiro __________."

"A língua também é __________, um mundo de maldade entre as partes do corpo."

"Você não tem porque não __________."

"Humilhem-se diante do Senhor, e ele __________."

"Mas a sabedoria que vem do céu é __________."

" Portanto, confessem seus pecados uns aos outros e orem uns pelos outros para que vocês sejam __________."

<u>Perguntas de resposta curta</u>

O que Tiago diz sobre as provações e seu propósito?

De acordo com Tiago, qual deveria ser a nossa resposta à palavra de Deus?

Como Tiago descreve a religião pura?

Que advertência Tiago dá sobre a língua?

Como Tiago descreve a fé sem obras?

Que exemplo Tiago usa para ilustrar a fé e as obras?

O que James ensina sobre a amizade com o mundo?

De acordo com Tiago, como os crentes devem lidar com conflitos e brigas?

O que Tiago ensina sobre paciência e perseverança nas provações?

Como Tiago descreve a oração?

O que Tiago diz sobre se gabar do futuro?

De acordo com Tiago, como os crentes deveriam tratar os pobres e os ricos?

Que conselho Tiago dá sobre fazer juramentos?

Como Tiago define a verdadeira sabedoria?

O que Tiago diz sobre os ricos que oprimem os pobres?

De acordo com Tiago, como os crentes deveriam responder ao pecado?

Como Tiago descreve a atitude correta para com a lei de Deus?

O que Tiago diz sobre a fé e as obras relativas à justificação?

Como Tiago incentiva os crentes a suportar sofrimentos e provações?

O que Tiago ensina sobre o poder da oração a respeito de Elias?

Bibliografia

Adamson, JB, 1976. *A Epístola de Tiago* . Novo Comentário Internacional sobre a série do Novo Testamento. Grand Rapids: Wm. B. Eerdmans Publishing Co., edição reimpressa. 1984.

Alford, H., 1880-1884. *O Testamento Grego* . 4 volumes. Nova edição. Cambridge: Deighton, Bell e Co.

Barclay, W., 1964. *As Cartas de Tiago e Pedro* . A série Bíblia de Estudo Diário. 2ª edição. Edimburgo: Saint Andrew Press.

Barclay, W., 1964. *Palavras do Novo Testamento* . Londres: SCM.

Baxter, JS, 1960. *Explore o livro* . Um vol. Ed. Grand Rapids: Editora Zondervan, 1980.

Brooks, KL, 1962. *James — Crença em Ação* . Aprenda a si mesmo a série bíblica. Chicago: Instituto Bíblico Moody.

Campbell, KD, 2017. Lamento em James e seu significado para a Igreja. *Jornal da Sociedade Teológica Evangélica* , 60(1), pp.125-38.

Carson, DA & Moo, DJ, 2005. *Uma Introdução ao Novo Testamento* . 2ª edição. Grand Rapids: Zondervan.

Cedro, PA, 1984. *James, 1, 2 Pedro, Judas* . A série de comentários do comunicador. Waco: livros de palavras.

Darby, JN, 1942. *Sinopse dos Livros da Bíblia* . Edição revisada. 5 volumes. Nova York: Loizeaux Brothers Publishers.

Davids, PH, 1982. *A Epístola de Tiago* . Série de comentários do Novo Testamento Grego Internacional. Grand Rapids: Wm. B.Eerdmans Publishing Co.

Guthrie, D., 1962. *Introdução ao Novo Testamento: Hebreus ao Apocalipse* . 2ª edição. reimpresso. Londres: Tyndale Press.

Henry, M., 1961. *Comentário sobre toda a Bíblia* . Um volume ed. Editado por Leslie F. Church. Grand Rapids: Zondervan Publishing Co.

Ice, TD, 1994. Hermenêutica Dispensacional. In: WR Willis & JR Master, eds. *Questões no Dispensacionalismo* . Chicago: Moody Press, pp.29-49.

Jamieson, R., Fausset, AR, & Brown, D., 1961. *Comentário prático e explicativo sobre toda a Bíblia* . Reimpressão ed. Grand Rapids: Editora Zondervan.

Josefo, F., 1866. *As Obras de Flávio Josefo* . Traduzido por William Whiston. Londres: T. Nelson and Sons, edição reimpressa. 1988. Peabody, Massachusetts: Hendrickson Publishers.

Ladd, GE, 1974. *Uma Teologia do Novo Testamento* . Grand Rapids: Wm. B. Eerdmans Publishing Co., edição reimpressa. 1979.

Lenski, RCH, 1963. *A Interpretação da Epístola aos Hebreus e A Epístola de Tiago* . Reimpressão ed. Minneapolis: Editora Augsburg.

McGee, JV, 1983. *Através da Bíblia com J. Vernon McGee* . 5 volumes. Pasadena, Califórnia: Através da Rádio Bíblica; e Nashville: Thomas Nelson, Inc.

Moo, DJ, 1985. *A Carta de Tiago* . Série de comentários do Novo Testamento de Tyndale. Grand Rapids: Wm. B.Eerdmans Publishing Co.

Morgan, GC, 1912. *Mensagens Vivas dos Livros da Bíblia* . 2 volumes. Nova York: Fleming H. Revell Co.

Pentecostes, JD, 1971. O Propósito da Lei. *Biblioteca Sacra* , 128(511), pp.227-33.

Ryrie, CC, 1959. *Teologia Bíblica do Novo Testamento* . Chicago: Moody Press.

Stott, JRW, 1964. *Introdução Básica ao Novo Testamento* . 1ª edição americana. Grand Rapids: Wm. B.Eerdmans Publishing Co.

Swindoll, CR, 2017. *A Bíblia de Estudo Swindoll* . Carol Stream, Illinois: Tyndale House Publishers.

Tenney, MC, 1953. *O Novo Testamento: Uma Pesquisa Histórica e Analítica* . Grand Rapids: Wm. B. Eerdmans Publishing Co., edição reimpressa. 1957.

Thiessen, HC, 1943. *Introdução ao Novo Testamento* . Grand Rapids: Wm. B. Eerdmans Publishing Co., edição reimpressa. 1962.

Wiersbe , WW, 1978. *Seja maduro* . Série BE Books. Wheaton: Publicações da Scripture Press, Victor Books.

Winkler, ET, 1888. Comentário sobre a Epístola de Tiago. In: A. Hovey, ed. *Um Comentário Americano sobre o Novo Testamento* . Reimpressão ed. Filadélfia: American Baptist Press.

Guia de respostas

Qual é a principal razão pela qual Tiago diz que os crentes devem considerar motivo de grande alegria quando enfrentam várias provações?

- Porque a prova da sua fé produz perseverança (Tiago 1:2-3).

Qual é o resultado final de deixar a perseverança terminar seu trabalho?

- Para que os crentes possam ser maduros e completos, sem falta de nada (Tiago 1:4).

O que um crente deve fazer se lhe falta sabedoria?

- Devem pedir a Deus, que dá generosamente a todos sem criticar, e isso lhes será concedido (Tiago 1:5).

Como um crente deve pedir sabedoria?

- Na fé, sem duvidar (Tiago 1:6).

O que acontece com uma pessoa que duvida quando pede sabedoria?

- Eles são como uma onda do mar, levada e agitada pelo vento, e não devem esperar receber nada do Senhor (Tiago 1:6-7).

Como é descrita uma pessoa que duvida?

- Duplas e instáveis em tudo o que fazem (Tiago 1:8).

Como devem os crentes de circunstâncias humildes encarar a sua situação?

- Eles deveriam se orgulhar de sua posição elevada (Tiago 1:9).

Como devem os ricos encarar a sua situação?

- Eles deveriam se orgulhar de sua humilhação porque morrerão como flores silvestres (Tiago 1:10).

Que analogia Tiago usa para descrever a natureza temporária da riqueza?

- Os ricos desaparecerão mesmo enquanto fazem negócios, como um sol escaldante murcha uma planta e sua flor cai (Tiago 1:11).

O que é prometido àqueles que perseveram sob provação?

- Eles receberão a coroa da vida que o Senhor prometeu àqueles que O amam (Tiago 1:12).

O que ninguém deve dizer quando for tentado?

- "Deus está me tentando", pois Deus não pode ser tentado pelo mal, nem tenta ninguém (Tiago 1:13).

Como ocorre a tentação, segundo Tiago?

- Cada pessoa é tentada quando arrastada pelo seu próprio desejo maligno e seduzida (Tiago 1:14).

Qual é a progressão do pecado descrita em Tiago 1:15?

- O desejo concebe e dá à luz o pecado; quando atinge a maturidade, o pecado dá à luz a morte (Tiago 1:15).

Sobre o que os crentes não devem ser enganados?

- Toda dádiva boa e perfeita vem do alto, descendo do Pai das luzes celestiais, que não muda como sombras inconstantes (Tiago 1:16-17).

Como Deus escolheu nos dar à luz?

- Através da palavra da verdade, podemos ser as primícias de tudo o que Ele criou (Tiago 1:18).

Como os crentes devem responder ao ouvir a Palavra de Deus?

- Eles devem ser rápidos em ouvir, tardios em falar e tardios em irar-se (Tiago 1:19).

Por que os crentes deveriam se livrar de toda sujeira e maldade moral?

- Porque dificulta a sua capacidade de aceitar humildemente a Palavra plantada neles, que pode salvá-los (Tiago 1:21).

O que Tiago diz sobre apenas ouvir a Palavra?

- Não apenas ouçam a Palavra e se enganem. Faça o que ele diz (Tiago 1:22).

Como Tiago descreve alguém que ouve a Palavra, mas não faz o que ela diz?

- Eles são como alguém que se olha no espelho e, depois de se olhar, vai embora e imediatamente esquece sua aparência (Tiago 1:23-24).

O que é prometido àqueles que olham atentamente para a lei perfeita que dá liberdade e continua nela?

- Eles serão abençoados naquilo que fizerem (Tiago 1:25).

Capítulo 2 Respostas

Contra o que Tiago adverte no Capítulo 2?

- Mostrar favoritismo ou parcialidade com base nas aparências externas (Tiago 2:1-4).

De acordo com Tiago, como os cristãos deveriam tratar os ricos e os pobres?

- Com igual respeito e amor, sem demonstrar favoritismo (Tiago 2:1-9).

Que analogia Tiago usa para ilustrar a questão da fé e das obras?

- Ele compara a fé sem obras a dizer a uma pessoa faminta: "Vá em paz, aqueça-se e sacie-se", sem prover-lhe as necessidades físicas (Tiago 2:15-16).

Como Tiago descreve a fé sem obras?

- Como morto (Tiago 2:17).

Que figura do Antigo Testamento Tiago usa para ilustrar a fé demonstrada através das obras?

- Abraão, que ofereceu Isaque no altar (Tiago 2:21-23).

Quem mais Tiago usa como exemplo de fé demonstrada por meio de obras?

- Raabe, a prostituta, escondeu os espiões e salvou sua família (Tiago 2:25).

O que Tiago argumenta sobre fé e obras?

- Que a fé sem obras é ineficaz e não pode salvar (Tiago 2:14, 17, 26).

Como Tiago responde a alguém que afirma ter fé, mas não tem obras?

- Ele os desafia a demonstrar a sua fé através de ações (Tiago 2:18).

De acordo com Tiago, como a fé e as obras estão ligadas?

- A fé é demonstrada e completada pelas obras (Tiago 2:22).

O que Tiago diz sobre a importância de obedecer a toda a lei?

- Ele afirma que violar uma parte da lei torna a pessoa culpada de violar toda a lei (Tiago 2:10-11).

O que Tiago ensina sobre misericórdia e julgamento?

- Essa misericórdia triunfa sobre o julgamento (Tiago 2:13).

Como Tiago desafia seus leitores em relação à fé deles?

- Ele os desafia a mostrar a sua fé através de ações e palavras (Tiago 2:18).

Que exemplo Tiago usa para enfatizar a questão da fé e das obras?

- O exemplo de dar roupas e alimentos a um irmão ou irmã necessitado (Tiago 2:15-16).

De acordo com Tiago, que tipo de fé os demônios têm?

- Eles acreditam na existência de Deus e estremecem, mas a sua fé não é uma fé salvadora (Tiago 2:19).

Como Tiago descreve a lei da liberdade?

- A lei real ordena o amor ao próximo como nós (Tiago 2:8).

O que Tiago diz sobre a fé que carece de obras?

- Que está morto (Tiago 2:17).

O que Tiago quer dizer com ser justificado pelas obras?

- Que as obras são a evidência ou fruto da genuína fé salvadora (Tiago 2:21-24).

De acordo com Tiago, como os crentes devem tratar aqueles que vêm à sua assembleia?

- Com igual respeito e hospitalidade, independentemente da sua riqueza ou estatuto (Tiago 2:1-4).

Qual é a mensagem principal que Tiago deseja que seus leitores entendam sobre fé e obras?

- Essa fé genuína produz naturalmente boas obras, evidência visível de um coração transformado (Tiago 2:14-26).

Como Tiago conclui sua discussão sobre fé e obras?

Ao afirmar que a fé sem obras é morta, enfatizando a importância de demonstrar fé através de ações (Tiago 2:26).

Capítulo 3 Respostas

O que Tiago enfatiza como aspecto crucial da maturidade cristã no Capítulo 3?

- James enfatiza a importância de controlar a língua.

De acordo com James, por que alguém deveria aspirar a ser professor na igreja?

- Tiago adverte que os professores serão julgados com mais rigor pelas suas palavras e ações (Tiago 3:1).

Que ilustrações Tiago usa para ilustrar o poder da língua?

- Tiago compara a língua a um freio na boca de um cavalo e ao leme de um navio (Tiago 3:3-4).

Que analogia Tiago usa para descrever como a língua pode desencadear consequências significativas?

- Tiago compara a língua a uma pequena faísca que pode incendiar uma floresta (Tiago 3:5-6).

Que contraste Tiago traça entre as capacidades da língua e o seu potencial para causar danos?

- Tiago salienta que embora a língua possa louvar a Deus, ela também pode amaldiçoar os outros seres humanos, o que ele compara a uma fonte que produz água doce e amarga (Tiago 3:9-12).

De acordo com Tiago, que tipo de sabedoria é terrena e demoníaca?

- A sabedoria terrena é caracterizada por ciúme, ambição egoísta e desordem (Tiago 3:14-16).

Quais são as características da sabedoria do alto, conforme descrita por Tiago?

- A sabedoria do alto é pura, pacífica, gentil, razoável, cheia de misericórdia e de bons frutos, imparcial e sincera (Tiago 3:17).

Como Tiago conecta a sabedoria com a pacificação ?

- Tiago afirma que aqueles que são sábios semearão sementes de paz e colherão uma colheita de justiça (Tiago 3:18).

O que Tiago alerta sobre os perigos da fala descontrolada?

- Tiago adverte que uma língua descontrolada pode levar a resultados destrutivos e é difícil de domar (Tiago 3:7-8).

Que princípio espiritual Tiago enfatiza com relação ao poder da língua?

- Tiago enfatiza que a língua, embora pequena, tem o poder de dirigir e influenciar como o leme de um navio (Tiago 3:4-5).

Como Tiago usa analogias da natureza para ilustrar seus argumentos sobre a língua?

- Tiago compara a língua a um freio na boca de um cavalo e a uma pequena faísca que pode acender um incêndio florestal, destacando seu poder e potencial de destruição (Tiago 3:3-6).

Por que Tiago alerta contra procurar ser professor?

- Tiago adverte que os professores serão julgados com mais rigor devido à sua influência e responsabilidade em orientar os outros (Tiago 3:1).

De acordo com Tiago, quais são algumas características da sabedoria terrena?

- A sabedoria terrena é caracterizada por ciúme, ambição egoísta e desordem (Tiago 3:14-16).

Qual é o papel da língua na discussão de Tiago sobre fé e ações?

- Tiago conecta a língua com a expressão de fé e a necessidade de ações alinhadas com palavras (Tiago 3:9-12).

Como Tiago descreve a natureza da língua?

- Tiago descreve a língua como uma pequena mas poderosa parte do corpo que pode abençoar e amaldiçoar (Tiago 3:5-10).

Que conselho Tiago dá aos que aspiram ser professores?

- Tiago aconselha os aspirantes a professores a considerarem o peso da sua responsabilidade e o julgamento que enfrentarão pelas suas palavras e ensinamentos (Tiago 3:1).

Como James conecta sabedoria com comportamento?

- Tiago enfatiza que a verdadeira sabedoria é demonstrada em palavras, ações e comportamento que refletem princípios piedosos (Tiago 3:13-18).

De acordo com Tiago, quais são os frutos da sabedoria do alto?

- Os frutos da sabedoria do alto incluem justiça, paz, misericórdia e preocupação sincera pelos outros (Tiago 3:17-18).

A que Tiago compara a língua em relação ao seu potencial de dano e influência?

- Tiago compara a língua a uma pequena faísca que pode acender um grande fogo, enfatizando o seu potencial de poder destrutivo (Tiago 3:5-6).

Como o ensino de Tiago sobre a língua se relaciona com temas mais amplos da vida cristã?

- O ensino de Tiago sobre a língua destaca a importância da integridade, humildade e sabedoria piedosa na fala e na conduta, refletindo o chamado cristão para viver de uma maneira que honre a Deus e promova a paz (Tiago 3:13-18).

Capítulo 4 Respostas

O que causa conflitos e brigas entre as pessoas, segundo Tiago 4?

- James identifica os conflitos como decorrentes de desejos egoístas que lutam dentro dos indivíduos.

Como Tiago descreve aqueles que são amigos do mundo?

- Tiago os descreve como inimigos de Deus, indicando que a amizade com o mundo é inimizade com Deus.

Segundo Tiago, o que Deus dá aos humildes?

- Deus dá graça aos humildes (Tiago 4:6).

O que Tiago quer dizer com "purificar seus corações"?

- Tiago significa limpar nossas atitudes e motivos internos da duplicidade e dos desejos mundanos.

Contra o que Tiago adverte no versículo 11 em relação a falar contra os outros?

- Tiago adverte contra falar mal ou julgar os outros, pois isso coloca a pessoa acima da lei e dos juízes.

Como Tiago ilustra a loucura de se vangloriar de planos futuros sem reconhecer a soberania de Deus?

- Tiago usa o exemplo dos comerciantes que se vangloriam dos seus planos sem reconhecer o controle de Deus sobre os seus resultados futuros.

O que Tiago diz sobre o pecado da omissão no capítulo 4?

- Tiago destaca o pecado de saber a coisa certa a fazer (reconhecer a soberania de Deus), mas deixar de fazê-la.

Como Tiago conclui seu argumento sobre a submissão a Deus?

- Tiago conclui enfatizando que deixar de se submeter a Deus, mesmo sem pecado evidente, é pecaminoso.

Que declaração proverbial Tiago usa para concluir o capítulo 4?

- Tiago conclui com a proverbial declaração: "Portanto, quem sabe fazer o bem e não o faz, comete pecado" (Tiago 4:17).

Como Tiago descreve a atitude correta que os cristãos deveriam ter em relação à vontade de Deus?

- Os cristãos deveriam dizer: "Se o Senhor quiser, viveremos e faremos isto ou aquilo" (Tiago 4:15), reconhecendo a soberania de Deus nos seus planos.

O que Tiago incentiva seus leitores a fazerem em vez de julgarem uns aos outros?

- Tiago exorta seus leitores a se submeterem uns aos outros com humildade e amor, em vez de julgarem (Tiago 4:12).

De acordo com Tiago, por que vangloriar-se de planos futuros sem reconhecer a soberania de Deus é considerado um mal?

- É considerado mau porque exalta a pessoa acima da autoridade de Deus e nega a dependência Dele (Tiago 4:16).

Qual é o papel da humildade nos ensinamentos de Tiago no capítulo 4?

- A humildade é fundamental nos ensinamentos de Tiago, pois envolve submeter-se a Deus, resistir ao orgulho e reconhecer a nossa dependência Dele.

Como James descreve as consequências da amizade com o mundo?

- A amizade com o mundo torna a pessoa inimiga de Deus, pois prioriza os desejos mundanos em detrimento da obediência a Deus (Tiago 4:4).

O que Tiago ensina sobre a importância de nos submetermos à vontade de Deus?

- Tiago ensina que submeter-se à vontade de Deus envolve resistir ao diabo, aproximar-se de Deus e purificar o coração (Tiago 4:7-8).

Por que Tiago enfatiza a brevidade e a incerteza da vida?

- Tiago enfatiza isso para destacar a importância de viver em alinhamento com a vontade de Deus e não presumir sobre o futuro (Tiago 4:13-14).

Como Tiago ilustra a relação entre humildade e recebimento da graça?

- Tiago ensina que Deus dá graça aos humildes, mas se opõe aos orgulhosos (Tiago 4:6).

O que Tiago quer dizer com "purificar seus corações"?

- Purificar o seu coração envolve limpar os seus motivos e desejos interiores, alinhando-os com a vontade de Deus e não com ambições egoístas (Tiago 4:8).

Como Tiago usa referências do Antigo Testamento para apoiar seus ensinamentos sobre humildade e submissão a Deus?

- Tiago refere-se a passagens do Antigo Testamento sobre o ciúme e a oposição de Deus aos orgulhosos para destacar a importância da humildade e da submissão (Tiago 4:5-6).

Que conselho prático Tiago dá para viver de acordo com a vontade de Deus no capítulo 4?

- Tiago aconselha seus leitores a se submeterem a Deus, resistirem ao diabo, aproximarem-se de Deus através da oração e do arrependimento, e absterem-se de falar mal dos outros (Tiago 4:7-12).

Capítulo 5 Respostas

O que Tiago instrui a respeito da riqueza e de sua natureza temporal?

- Tiago adverte os ricos a chorar e uivar pelas misérias que virão sobre eles, porque a sua riqueza perecerá e as suas riquezas serão corroídas (Tiago 5:1-3).

O que James diz sobre os salários dos trabalhadores que foram retidos?

- Tiago condena os ricos que retêm os salários dos seus trabalhadores, declarando que os seus clamores chegaram aos ouvidos do Senhor de Sabaoth (Tiago 5:4).

Como Tiago encoraja os crentes que estão sofrendo?

- Tiago os encoraja a serem pacientes, como o agricultor que espera pelo precioso fruto da terra, e a firmarem seus corações, pois a vinda do Senhor está próxima (Tiago 5:7-8).

O que Tiago enfatiza sobre a paciência no sofrimento?

- Tiago enfatiza que os crentes não devem murmurar uns contra os outros, mas devem ser pacientes, como os profetas que falaram em nome do Senhor (Tiago 5:9).

O que Tiago instrui aqueles que estão sofrendo a fazer?

- Tiago os instrui a orar. Ele os encoraja a cantar louvores se estiverem alegres e a chamar os presbíteros da igreja para orarem por eles e os ungirem com óleo em nome do Senhor (Tiago 5:13-14).

Qual é a promessa associada à oração da fé?

- Tiago promete que a oração da fé salvará os enfermos e que o Senhor os ressuscitará. Ele também garante que eles serão perdoados caso tenham cometido pecados (Tiago 5:15).

Que exemplo Tiago dá para ilustrar o poder da oração?

- Tiago usa Elias como exemplo, destacando como Elias orou fervorosamente para que não chovesse, e não choveu durante três anos e meio. Então ele orou novamente, e os céus deram chuva (Tiago 5:17-18).

O que Tiago instrui os crentes a fazerem se alguém se desviar da verdade?

- Tiago instrui os crentes a trazer de volta aquele que se desvia da verdade, sabendo que quem traz de volta um pecador do erro salvará sua alma da morte e cobrirá muitos pecados (Tiago 5:19-20).

O que Tiago diz sobre fazer juramentos?

- Tiago aconselha os crentes a não jurarem, nem pelo céu nem pela terra, mas a deixarem que o seu "sim" seja sim e o seu "não" seja não, para que não caiam em julgamento (Tiago 5:12).

Como Tiago descreve a oração eficaz de uma pessoa justa?

- Tiago a descreve como poderosa e eficaz, afirmando que a oração fervorosa de uma pessoa justa tem grande poder enquanto funciona (Tiago 5:16).

O que Tiago diz sobre resmungar uns contra os outros?

- Tiago adverte contra murmurações uns contra os outros, exortando os crentes a serem pacientes até a vinda do

Senhor (Tiago 5:9).

O que Tiago diz sobre aqueles que viveram no luxo e na auto-indulgência?

- Tiago condena aqueles que viveram no luxo e na autoindulgência, alertando-os sobre as misérias que os aguardam por causa da opressão e exploração de outros (Tiago 5:5).

O que Tiago diz sobre a oração feita com fé?

- Tiago assegura que a oração feita com fé salvará os enfermos e o Senhor os ressuscitará; também, se cometerem pecados, serão perdoados (Tiago 5:15).

Que exemplo do Antigo Testamento Tiago usa para ilustrar seu ensino sobre a oração?

- Tiago usa Elias como exemplo de pessoa justa cuja oração foi poderosa e eficaz, trazendo resultados significativos (Tiago 5:17-18).

Como Tiago descreve a vinda do Senhor?

- Tiago o descreve como próximo, exortando os crentes a serem pacientes e a firmarem seus corações diante do sofrimento e das provações (Tiago 5:7-8).

O que Tiago diz sobre os ricos que oprimem os outros?

- Tiago condena os ricos que oprimem os outros e retêm os seus salários, alertando-os sobre o julgamento iminente e as misérias que os aguardam (Tiago 5:1-6).

Que instruções Tiago dá a respeito dos juramentos?

- Tiago instrui os crentes a não jurarem pelo céu, pela terra ou qualquer outro juramento, mas a deixarem que seu sim e não sejam sim para evitar cair em julgamento (Tiago 5:12).

O que Tiago diz sobre confessar pecados uns aos outros?

- Tiago instrui os crentes a confessarem os seus pecados uns aos outros e a orarem uns pelos outros para serem curados, enfatizando a importância da oração e do apoio mútuo (Tiago 5:16).

Qual é a promessa associada a trazer de volta um desviado da verdade?

- Tiago promete que quem traz de volta um pecador da peregrinação salvará sua alma da morte e cobrirá muitos pecados (Tiago 5:20).

Qual é o tema abrangente do capítulo 5 de Tiago?

- O tema abrangente é o chamado à paciência, oração e perseverança diante do sofrimento e das provações, concentrando-se no julgamento vindouro de Deus e na importância de uma vida justa.

Teste suas respostas de conhecimento

<u>Perguntas verdadeiras ou falsas</u>

Verdadeiro ou Falso: Tiago, o autor da epístola, identifica-se como irmão de Jesus.

Resposta: Verdadeiro (Tiago 1:1)

Verdadeiro ou Falso: De acordo com Tiago, as provações e testes devem ser considerados alegria porque produzem perseverança e maturidade.

Resposta: Verdadeiro (Tiago 1:2-4)

Verdadeiro ou Falso: Tiago ensina que Deus tenta as pessoas com desejos malignos para testar a sua fé.

Resposta: Falso (Tiago 1:13)

Verdadeiro ou falso: Tiago adverte contra apenas ouvir a palavra sem fazer o que ela diz, comparando-a a olhar-se no espelho e esquecer a própria aparência.

Resposta: Verdadeiro (Tiago 1:22-24)

Verdadeiro ou Falso: Tiago argumenta que a fé sem obras é morta, usando o exemplo de Abraão oferecendo Isaque como prova de que a fé é demonstrada por ações.

Resposta: Verdadeiro (Tiago 2:21-24)

Verdadeiro ou Falso: Tiago condena o favoritismo demonstrado aos ricos nas reuniões da igreja e insta a tratar todas as pessoas igualmente.

Resposta: Verdadeiro (Tiago 2:1-9)

Verdadeiro ou falso: De acordo com Tiago, a língua é uma pequena parte do corpo, mas pode gabar-se de grandes coisas e incendiar todo o curso da vida de uma pessoa.

Resposta: Verdadeiro (Tiago 3:5-6)

Verdadeiro ou Falso: Tiago ensina que a sabedoria terrena leva à paz e à harmonia entre os crentes.

Resposta: Falso (Tiago 3:14-16)

Verdadeiro ou Falso: Tiago encoraja os crentes a resistirem ao diabo, a aproximarem-se de Deus e a purificarem os seus corações, alertando contra a duplicidade de espírito .

Resposta: Verdadeiro (Tiago 4:7-8)

Verdadeiro ou Falso: Tiago critica aqueles que se vangloriam dos seus planos para o futuro sem reconhecer a vontade de Deus.

Resposta: Verdadeiro (Tiago 4:13-17)

Verdadeiro ou Falso: James denuncia os opressores ricos que acumularam riqueza à custa do pagamento de salários justos aos seus trabalhadores.

Resposta: Verdadeiro (Tiago 5:1-6)

Verdadeiro ou Falso: Tiago incentiva a paciência e a perseverança no sofrimento, usando os profetas e Jó como exemplos de perseverança.

Resposta: Verdadeiro (Tiago 5:7-11)

Verdadeiro ou Falso: De acordo com James, fazer juramentos é aceitável ao fazer promessas ou compromissos importantes.

Resposta: Falso (Tiago 5:12)

Verdadeiro ou Falso: Tiago ensina que a oração oferecida com fé pode curar os enfermos e restaurá-los, encorajando os crentes a confessarem os seus pecados uns aos outros para serem curados.

Resposta: Verdadeiro (Tiago 5:13-16)

Verdadeiro ou Falso: Tiago afirma que Elias era um homem com uma natureza como a nossa, destacando o poder das suas orações como um exemplo de oração eficaz e fervorosa.

Resposta: Verdadeiro (Tiago 5:17-18)

Verdadeiro ou Falso: Tiago conclui sua epístola exortando os crentes a trazer de volta aqueles que se desviaram da verdade e a cobrir muitos pecados através do amor e do perdão.

Resposta: Verdadeiro (Tiago 5:19-20)

Verdadeiro ou falso: Tiago enfatiza que a sabedoria terrena, caracterizada pela inveja e pela ambição egoísta, é melhor do que a sabedoria do alto, que é pura e pacífica.

Resposta: Falso (Tiago 3:13-17)

Verdadeiro ou falso: Tiago incentiva os crentes a serem rápidos em ouvir, lentos em falar e lentos em irar-se, enfatizando a importância de controlar a língua.

Resposta: Verdadeiro (Tiago 1:19)

Verdadeiro ou Falso: De acordo com Tiago, a verdadeira religião inclui cuidar das viúvas e dos órfãos e manter-se isento da corrupção do mundo.

Resposta: Verdadeiro (Tiago 1:27)

Verdadeiro ou Falso: Tiago ensina que quem sabe o bem que deve fazer e não o faz peca.

Resposta: Verdadeiro (Tiago 4:17)

<u>Questões de múltipla escolha</u>

Qual deve ser a resposta dos crentes que enfrentam provações, diz Tiago?

- A) Amargura
- B) Alegria
- C) Ressentimento
- D) Indiferença
- **Resposta: B** (Tiago 1:2)

Segundo Tiago, o que uma pessoa deve pedir quando lhe falta sabedoria?

- A) Paciência
- B) Riqueza
- C) Dúvida
- D) A sabedoria de Deus
- **Resposta: D** (Tiago 1:5)

A que Tiago compara a fé sem obras?

- A) Um cadáver
- B) Uma nuvem sem chuva
- C) Uma sombra na noite
- D) Um momento fugaz
- **Resposta: A** (Tiago 2:26)

Tiago adverte contra mostrar favoritismo a quem?

- A) Os pobres

- B) Os ricos
- C) Os Idosos
- D) Os doentes
- **Resposta: B** (Tiago 2:1-4)

O que Tiago diz que é uma parte pequena do corpo, mas que ostenta grandes coisas?

- A) A língua
- B) O coração
- C) A mão
- D) O olho
- **Resposta: A** (Tiago 3:5)

De acordo com Tiago, que tipo de sabedoria leva à desordem e a todas as práticas malignas?

- A) Sabedoria terrena
- B) Sabedoria celestial
- C) Sabedoria intelectual
- D) Sabedoria moral
- **Resposta: A** (Tiago 3:15)

O que Tiago instrui os crentes a fazerem em resposta ao sofrimento e aos problemas?

- A) Procurar vingança
- B) Conte tudo com alegria
- C) Reclame em voz alta
- D) Esconda-se disso
- **Resposta: B** (Tiago 1:2-4)

Tiago incentiva os crentes a serem praticantes da palavra, não apenas _____.

- A) Ouvintes
- B) Pensadores
- C) Leitores
- D) Escritores
- **Resposta: A** (Tiago 1:22)

Qual das seguintes afirmações Tiago diz que não deveria vir da mesma boca?

- A) Bênção e maldição
- B) Elogiar e criticar
- C) Falar e ouvir
- D) Ensinar e aprender
- **Resposta: A** (Tiago 3:10)

Tiago compara a vida dos ricos com o quê?

- A) Uma brisa passageira
- B) Uma flor murchando
- C) Um leão que ruge
- D) Uma sombra fugaz
- **Resposta: D** (Tiago 1:10-11)

O que Tiago diz ser a fonte de brigas e conflitos entre os crentes?

- A) Inveja e ambição egoísta
- B) Falta de oração
- C) Má liderança
- D) Ignorância das Escrituras
- **Resposta: A** (Tiago 4:1-2)

Tiago ensina que a oração da fé salvará quem?

- A) Os ricos e poderosos
- B) Os justos e santos
- C) Os doentes e perturbados
- D) Os idosos e sábios
- **Resposta: C** (Tiago 5:15)

O que Tiago diz que deveria ser feito por alguém doente entre os crentes?

- A) Eles deveriam orar sozinhos
- B) Chamar os presbíteros da igreja para orar e ungi-los com óleo
- C) Procure apenas atendimento médico
- D) Ignore sua doença
- **Resposta: B** (Tiago 5:14)

Tiago condena aqueles que planejam suas vidas sem reconhecer a vontade de quem?

- A) Seus próprios
- B) O governo
- C) de Deus
- D) Destino
- **Resposta: C** (Tiago 4:13-15)

O que Tiago diz ser a religião pura e imaculada diante de Deus?

- A) Manter-se afastado dos prazeres mundanos
- B) Visitar órfãos e viúvas em dificuldades
- C) Jejuar e orar diariamente

- D) Doar generosamente à igreja
- **Resposta: B** (Tiago 1:27)

De acordo com Tiago, por que os crentes deveriam ser tardios em falar e tardios em irar-se?

- A) Para evitar ofender os outros
- B) Cultivar sabedoria e retidão
- C) Manter um ambiente pacífico
- D) Demonstrar humildade e mansidão
- **Resposta: B** (Tiago 1:19-20)

James avisa que amizade com o mundo é o quê?

- A) Inofensivo
- B) Rentável
- C) Inimizade com Deus
- D) Um sinal de maturidade
- **Resposta: C** (Tiago 4:4)

Tiago instrui os crentes a se submeterem a Deus e a resistirem a quem?

- A) O diabo
- B) Seus pares
- C) Figuras de autoridade
- D) Seus próprios desejos
- **Resposta: A** (Tiago 4:7)

O que Tiago diz ser o resultado da paciência e da perseverança no sofrimento?

- A) Riqueza e prosperidade
- B) Felicidade e realização
- C) Vida eterna
- D) Coroa da vida
- **Resposta: D** (Tiago 1:12)

De acordo com James, o que uma pessoa deveria fazer se soubesse o bem que deveria fazer e não o fizesse?

- A) Arrependa-se e confesse
- B) Busque o perdão de Deus
- C) Ore por força
- D) É um pecado para eles
- **Resposta: D** (Tiago 4:17)

<u>Perguntas para preencher lacunas</u>

Tiago começa sua carta encorajando os crentes a considerá-la __________ pura sempre que enfrentarem provações de vários tipos.

Resposta: alegria (Tiago 1:2)

"Não apenas ouçam a palavra e se enganem. __________ isso."

Resposta: Faça o que (Tiago 1:22)

"A religião que Deus, nosso Pai, aceita como pura e imaculada é esta: cuidar dos órfãos e das viúvas em suas dificuldades e evitar __________."

Resposta: sendo poluído pelo mundo (Tiago 1:27)

"Mas o homem que olha atentamente para a lei perfeita que dá liberdade e continua a fazer isso, não esquecendo o que ouviu, mas fazendo isso - __________ - ele será abençoado no que faz."

Resposta: ele será abençoado no que fizer (Tiago 1:25)

"De que adianta, meus irmãos, se um homem afirma ter fé, mas não tem __________?"

Resposta: ações (Tiago 2:14)

"Você vê que uma pessoa é justificada pelo que faz e não apenas por __________."

Resposta: fé (Tiago 2:24)

"Mas a sabedoria que vem do céu é antes de tudo __________."

Resposta: puro (Tiago 3:17)

"Sujeitem-se, então, a Deus. __________ e ele fugirá de você."

Resposta: Resista ao diabo (Tiago 4:7)

"Algum de vocês está com problemas? Ele deveria __________."

Resposta: orar (Tiago 5:13)

" Portanto, confessem seus pecados um ao outro e __________."

Resposta: orem uns pelos outros (Tiago 5:16)

"A oração de um homem justo é __________."

Resposta: poderoso e eficaz (Tiago 5:16)

"Elijah era um homem como nós. Ele orou sinceramente para que não __________, e não choveu na terra por três anos e meio."

Resposta: chuva (Tiago 5:17)

"Meus irmãos, se um de vocês se desviar da verdade e alguém o trouxer de volta, lembrem-se disto: quem fizer um pecador fugir do erro do seu caminho, salvá-lo-á de __________."

Resposta: morte (Tiago 5:19-20)

"Acima de tudo, meus irmãos, não jurem - nem pelo céu, pela terra ou qualquer outra coisa. Deixe o seu 'Sim' ser __________."

Resposta: sim, e seu 'Não', não (Tiago 5:12)

"Sede pacientes, então, irmãos, até a vinda do Senhor. Vejam como o fazendeiro __________."

Resposta: espera que a terra produza a sua valiosa colheita (Tiago 5:7)

"A língua também é __________, um mundo de maldade entre as partes do corpo."

Resposta: pequena parte (Tiago 3:6)

"Você não tem porque não __________."

Resposta: pergunte (Tiago 4:2)

"Humilhem-se diante do Senhor, e ele __________."

Resposta: levante você (Tiago 4:10)

"Mas a sabedoria que vem do céu é __________."

Responder: antes de tudo , puro (Tiago 3:17)

" Portanto, confessem seus pecados uns aos outros e orem uns pelos outros para que vocês sejam __________."

Resposta: curado (Tiago 5:16)

<u>**Perguntas de resposta curta**</u>

O que Tiago diz sobre as provações e seu propósito?

Resposta: Tiago ensina que as provações produzem perseverança e maturidade na fé (Tiago 1:2-4).

De acordo com Tiago, qual deveria ser a nossa resposta à palavra de Deus?

Resposta: Não devemos apenas ouvir a palavra de Deus, mas também fazer o que ela diz (Tiago 1:22).

Como Tiago descreve a religião pura?

Resposta: A religião pura e sem defeito envolve cuidar de viúvas e órfãos em dificuldades e evitar ser poluído pelo mundo (Tiago 1:27).

Que advertência Tiago dá sobre a língua?

Resposta: Tiago adverte que a língua, embora pequena, pode causar grandes danos, como uma pequena faísca que incendeia uma floresta (Tiago 3:5-6).

Como Tiago descreve a fé sem obras?

Resposta: Tiago descreve a fé sem obras como morta e inútil (Tiago 2:17).

Que exemplo Tiago usa para ilustrar a fé e as obras?

Resposta: Tiago usa o exemplo de Abraão oferecendo Isaque para mostrar que a fé sem obras é incompleta (Tiago 2:21-23).

O que James ensina sobre a amizade com o mundo?

Resposta: Tiago adverte que a amizade com o mundo é inimizade com Deus, e quem quiser ser amigo do mundo torna-se inimigo de Deus (Tiago 4:4).

De acordo com Tiago, como os crentes devem lidar com conflitos e brigas?

Resposta: Os crentes devem buscar a sabedoria de Deus e não permitir que o ciúme e a ambição egoísta levem a conflitos (Tiago 3:13-18; 4:1-3).

O que Tiago ensina sobre paciência e perseverança nas provações?

Resposta: Tiago incentiva os crentes a serem pacientes e a suportarem provações, sabendo que o Senhor é compassivo e misericordioso (Tiago 5:7-11).

Como Tiago descreve a oração?

Resposta: Tiago descreve a oração como poderosa e eficaz, especialmente a oração de uma pessoa justa (Tiago 5:16).

O que Tiago diz sobre se gabar do futuro?

Resposta: Tiago adverte contra vangloriar-se do amanhã porque a vida é incerta e depende da vontade de Deus (Tiago 4:13-15).

De acordo com Tiago, como os crentes deveriam tratar os pobres e os ricos?

Resposta: Tiago ensina que os crentes não devem mostrar favoritismo baseado na riqueza, mas tratar todos igualmente com amor e respeito (Tiago 2:1-9).

Que conselho Tiago dá sobre fazer juramentos?

Resposta: Tiago desaconselha fazer juramentos, exortando os crentes a deixarem o seu "Sim" ser sim e o seu "Não" ser não (Tiago 5:12).

Como Tiago define a verdadeira sabedoria?

Resposta: A verdadeira sabedoria, de acordo com Tiago, é caracterizada pela pureza, pela pacificação , pela gentileza e pela disposição de ceder aos outros (Tiago 3:17).

O que Tiago diz sobre os ricos que oprimem os pobres?

Resposta: Tiago condena os ricos que oprimem os pobres, alertando sobre o julgamento e a natureza passageira da riqueza (Tiago 5:1-6).

De acordo com Tiago, como os crentes deveriam responder ao pecado?

Resposta: Os crentes devem confessar os seus pecados uns aos outros e orar uns pelos outros por cura e perdão (Tiago 5:16).

Como Tiago descreve a atitude correta para com a lei de Deus?

Resposta: Tiago ensina que os crentes devem cumprir a lei real do amor e não mostrar parcialidade, cumprindo a lei de Cristo (Tiago 2:8-9).

O que Tiago diz sobre a fé e as obras relativas à justificação?

Resposta: Tiago argumenta que a fé sem obras é morta, ilustrando que a fé genuína é evidenciada por ações (Tiago 2:14-26).

Como Tiago incentiva os crentes a suportar sofrimentos e provações?

Resposta: Tiago encoraja os crentes a considerarem como motivo de grande alegria quando enfrentam provações, sabendo que as provações produzem firmeza e maturidade (Tiago 1:2-4).

O que Tiago ensina sobre o poder da oração a respeito de Elias?

Resposta: Tiago ensina que a oração de Elias foi poderosa e eficaz, demonstrando a eficácia da oração fervorosa oferecida com fé (Tiago 5:17-18).

www.ingramcontent.com/pod-product-compliance
Lightning Source LLC
Chambersburg PA
CBHW081928120726
47997CB00010B/3079